GRUNDLAGEN UND GEDANKEN ZUM VERSTÄNDNIS
DES DRAMAS

Für den Schulgebrauch zusammengestellt

JOHANN WOLFGANG GOETHE: TORQUATO TASSO

Von

HELMUT KOBLIGK

VERLAG MORITZ DIESTERWEG

6410   Frankfurt am Main · Berlin · München

CIP-Kurztitelaufnahme der Deutschen Bibliothek

Kobligk, Helmut
Johann Wolfgang Goethe, Torquato Tasso. – 2. Aufl. – Frankfurt am Main, Berlin,
München: Diesterweg, 1977.
(Grundlagen und Gedanken zum Verständnis des Dramas)
ISBN 3-425-06410-X

Die Reihe wird herausgeberisch betreut von H.G. Roloff.

ISBN 3-425-06410-X

2. Auflage 1977, Neufassung

Gesamtherstellung: Oscar Brandstetter Druckerei KG, Wiesbaden

Inhalt

Vorwort zur zweiten Auflage

Die zweite Auflage des vorliegenden Bandes der Reihe»Grundlagen und Gedanken zum Verständnis des Dramas« stellt eine Neubearbeitung des erstmalig 1968 erschienenen Heftes dar. Eine solche Neubearbeitung war vor allem im Interesse einer Modernisierung der Interpretation und der Eröffnung weiterer Aspekte der Deutung des»Tasso« notwendig geworden. Dabei hat der Bearbeiter nicht nur an den Schulgebrauch, sondern auch an die Bedürfnisse des Studierenden der Literaturwissenschaft sowie des interessierten Liebhabers gedacht.

Der Abschnitt»Gang der Handlung« enthält nicht eine Inhaltsangabe des besprochenen Werkes, sondern er ist eine Darreichung von Hinweisen zur Interpretation des Textes; daneben bringt er auch Erläuterungen sachlicher Art.

Im Abschnitt»Gedanken und Probleme« wird eine Reihe von Fragestellungen erörtert, deren Klärung für das Verständnis des Werkes von wesentlicher Bedeutung ist. Dabei kommen namhafte Literaturwissenschaftler zu Worte.

Die Absicht ist nicht, dem Leser eine bestimmte Interpretation des klassischen Werkes aufzudrängen. Das Heft soll vielmehr Möglichkeiten der Interpretation aufzeigen und solche Hinweise geben, die eine eigene interpretatorische Arbeit fördern. Daher sollen auch die Stimmen verschiedener Interpreten gehört werden, deren Ansichten voneinander abweichen, ja sich widersprechen.

Das Schwergewicht wird dabei auf den modernen Interpretationen liegen; insbesondere werden größere, das ganze Werk berücksichtigende Darstellungen wie die von Kunz, Rasch, Mantey, Ryan und Neumann (s. Literaturverzeichnis!) immer wieder herangezogen werden. Diese sind manchen älteren Auslegungen vor allem auch dadurch überlegen, daß sie, statt das Goethesche Drama summarisch zu betrachten, den Weg einer subtilen Textanalyse gegangen sind. Dadurch gelangen sie zu einer verfeinerten Interpretation, deren Tasso-Bild von dem vorangegangener Generationen abweicht.

Eine abschließende Betrachtung»Tasso heute« versucht, einige Hinweise zur Einordnung des Dramas in einen bis in die Gegenwart reichenden Problemzusammenhang zu geben.

Literaturgeschichtliche Grundlagen

Die Entstehung des Werkes

Gleich der »Iphigenie« bedurfte auch der »Tasso« einer längeren Zeit der Entfaltung. Die ersten Pläne hat Goethe offensichtlich im Jahre 1780 gefaßt; in einer Tagebuchnotiz vom 30. März 1780 heißt es: »Gute Erfindung: Tasso«. Im gleichen Jahre noch hat er mit der Arbeit begonnen: Am 14. Oktober 1780 notiert er im Tagebuch: »Tasso angefangen zu schreiben.«

Über den Fortgang der Arbeit in den folgenden Monaten erfahren wir aus den Briefen an Charlotte von Stein. Am 10. November war die erste Szene des in Prosa konzipierten Stückes fertig, und noch in demselben Monat wurde der erste Aufzug vollendet und der zweite begonnen. Die Fortsetzung der Arbeit stockte im Winter; sie wurde anscheinend erst im April 1781, auf dringende Mahnung der Frau von Stein, wiederaufgenommen. Im Laufe dieses Jahres kam sie zu einem vorläufigen Ende; am 3. Dezember 1781 verkündet Goethe Lavater: »Den Tasso werdet ihr nun haben.« Freilich kann es sich dabei wohl kaum um ein vollendetes Drama gehandelt haben, denn am 30. März 1787 spricht er in der Italienischen Reise von den »zwei erste(n) Akte(n) des Tasso, in poetischer Prosa geschrieben«, die er »mit über See« (nach Sizilien) genommen habe.

Diese erste Fassung in Prosa, die verloren ist und sich kaum auch nur in Umrissen rekonstruieren läßt, wird heute als »Ur-Tasso« bezeichnet. Als Quelle benutzte Goethe eine Biographie Tassos von Giovanni Battista Manso – ein unkritisches Werk ohne wissenschaftlichen Wert, das auch die erfundene Liebesgeschichte des Dichters mit der Prinzessin Leonore d'Este enthielt.

Erst in Italien nahm Goethe die Arbeit am Tasso wieder auf. Freilich beanspruchten hier »Iphigenie« und »Egmont« zunächst das besondere Interesse und die Arbeitskraft des Dichters. Erst vor der Seereise von Neapel nach Palermo faßte Goethe den Plan einer Neubearbeitung des Stückes. Diese begründet er so: »Diese beiden Akte, ... schon vor zehn Jahren geschrieben, hatten etwas Weichliches, Nebelhaftes...«. Dieses »Weichliche, Nebelhafte« wollte Goethe beseitigen, indem er »nach neueren Ansichten die Form vorwalten und den Rhythmus eintreten ließ« (30. März 1787).

Von da an beschäftigt sich der Dichter ständig mit Plänen zur Umgestaltung des Vorhandenen, ohne zunächst zu greifbaren Ergebnissen zu gelangen. Am 1. Februar 1788 notiert er: »Dann geht eine neue Not an, worin mir niemand raten noch helfen kann. ›Tasso‹ muß umgearbeitet werden, was da steht, ist zu nichts zu brauchen, ich kann weder so endigen noch alles wegwerfen. Solche Mühe hat Gott den Menschen gegeben!«

Zur weiteren Bearbeitung des Stoffes zog Goethe nunmehr eine seriösere Tasso-Biographie heran, die des Abbate Pierantonio Serassi, die 1785 in Rom erschienen war. Aus dieser Biographie führte Goethe die Gestalt des Antonio Montecatino in das Drama ein. Der Schwerpunkt des Werkes verlagert sich: neben das Liebesmotiv tritt das Motiv des Gegensatzes zwischen Dichter und Staatsmann.

Mit der Ausführung seiner neuen Pläne begann Goethe erst nach der Rückkehr aus Italien im Herbst 1788. Den Herzog läßt er regen Anteil an der Neubearbeitung des Dramas

nehmen. Am 15. Februar 1789 kann er an Knebel berichten:»Heute früh ist die erste Szene des Tasso fertig geworden. Ich gehe an Hof und lese sie Euch diesen Nachmittag bei Frau von Stein, wenn nichts hindert.«
Am 9. Mai 1789 konnte der Tasso, bis auf drei Szenen, der Herzogin vorgelesen werden; im Juni wurde er vollendet. Da noch immer einiges zu korrigieren war, sandte der Dichter das Werk aktweise an den Verleger. Es erschien schließlich im Frühjahr 1790 im sechsten Bande der Gesamtausgabe bei Göschen in Leipzig.

Persönliches und Erlebtes

Albert Bielschowski (S. 449 f.) schreibt:»Ferrara fließt mit Weimar zusammen, Tasso mit Goethe, die Prinzessin mit Frau von Stein, der einige Blutstropfen der Herzogin beigemischt werden, Alphons mit Karl August, Antonio mit dem Grafen von Goertz, dem die ›steife Klugheit‹ des Ministers von Fritsch beigegeben wird, und für die Gräfin Sanvitale mochte es mehr als eine Vertreterin in der thüringischen Residenz und ihrer Nachbarschaft geben. Am erkennbarsten leuchten die Vorbilder bei Tasso, der Prinzessin und Alphons hindurch, und wer die Geschichte des weimarischen Jahrzehnts von 1776 bis 1786 genauer kennt, der glaubt im Drama Unterhaltungen aus jener Zeit zu belauschen. Herder hatte kaum die erste Szene gelesen, als er seiner Frau bemerkte: ›Goethe kann nicht anders als sich selbst idealisieren und immer aus sich schreiben‹, und Frau von Kalb hörte aus den ersten drei Szenen Goethe, den Herzog, Frau von Stein und die Herzogin heraus. Goethe hat in späteren Jahren, wo Deutungen nicht mehr gefährlich waren, kein Hehl daraus gemacht, wie viel Persönliches und Weimarisches in der Dichtung stecke, so daß er mit Recht von ihr sagen könne: ›Sie ist Bein von meinem Bein und Fleisch von meinem Fleisch‹.«
Bielschowski gibt die Meinung der positivistischen Forschung des 19. Jahrhunderts wieder, die sich besonders für die biographischen Hintergründe von Goethes Werken interessierte. Neuere Interpreten melden Zweifel an der Berechtigung solcher Fixierungen von Dramengestalten an historische Personen an. So sagt *Walter Hof* (S. 114):»Indessen wird man sich hüten, in der Gestalt der Prinzessin ein getreues Abbild Charlottens sehen zu wollen. Iphigenie ist Priesterin und Leonore Prinzessin, und das Priesterliche und Prinzessinnenhafte gehört der Rolle, nicht dem Urbild an.« Hof erwähnt auch (S. 115), daß eine Zeitgenossin, Charlotte von Kalb, die Frau von Stein»vielmehr in der klugen und energischen Leonore Sanvitale wiedererkennen wollte und hinter der Prinzessin als Urbild die viel blaßblütigere Herzogin Luise vermutete«. *Emil Staiger* (S. 418) bemerkt:»Die auf die fünf Gestalten verteilten Gradunterschiede und Gegensätze sind als solche in seiner eigenen Brust. Das Drama entwickelt die widerspruchsvolle Lage und zeigt den Prozeß, der sich in Goethe selber abgespielt hat und im Ersinnen und Ausgestalten des Kunstwerks seine Lösung findet.«
Eine differenziertere Sicht der Beziehung des Werkes zu Goethes Leben findet man bei *Wolfdietrich Rasch* (S. 13):»Sofern man überhaupt den ›Tasso‹ oder wenigstens eine bestimmte Schicht des Werkes als Ausdruck persönlicher innerer Spannungen Goethes deuten will, wäre es gewiß notwendig, dabei von ... Äußerungen Goethes auszugehen und nicht allein von dem in Goethe vermuteten Bedürfnis, sich mit dem ›Tasso‹ vom ›titanischen‹ Selbstgefühl des Dichters, von der Haltung des Sturm-und-Drang-Genies zu distanzieren. Es würde sich zum Beispiel die Frage ergeben, in welchem Sinne sich denn die Arbeit am ›Tasso‹ ›ganz sonderbar ans Ende seiner italienischen Laufbahn schließe‹. Eine gewisse Auskunft darüber könnte man aus dem in der Handschrift von 1817 erhaltenen ursprünglichen

Schlußteil des ›Zweiten römischen Aufenthalts‹ erwarten. ›Wie mit Ovid dem Local nach, so konnte ich mich mit Tasso dem Schicksal nach vergleichen. Der schmerzliche Zug einer leidenschaftlichen Seele, die unwiderstehlich zu einer unwiderruflichen Verbannung hingezogen wird, geht durch das ganze Stück‹ .... Die Gemeinsamkeit des Schicksals besteht darin, daß Tasso, wie er selbst, ›unwiderstehlich zu einer unwiderruflichen Verbannung hingezogen wird‹. Diese Gleichsetzung mag überraschend sein für denjenigen, der das entscheidende Motiv des Dramas in Tassos Schwäche und Schuld sieht als den Ursachen, die Tasso vom Hof vertreiben. Goethe, den keine Schuld und Verfehlung aus Rom trieb, sah gleichwohl seine Verwandtschaft mit Tasso im Schicksal einer unaufhaltsamen Verbannung. Goethe erfährt, was Ovid erfuhr und was er Tasso erleben läßt: den Abschied als tragische Situation. Denn – so hat es Goethe 1821 formuliert – ›das Grundmotiv aber aller tragischen Situationen ist das Abscheiden, und da brauchts weder Gift noch Dolch, weder Spieß noch Schwert; das Scheiden aus einem gewohnten, geliebten, rechtlichen Zustand, veranlaßt durch mehr oder minderen Notzwang, durch mehr oder weniger verhaßte Gewalt, ist auch eine Variation desselben Themas‹ .... Goethes innere Erfahrung beim Abschied von Rom berührt einen äußersten, kritischen Punkt menschlichen Daseins, seine tragische Bedrohung.«

Der historische Tasso

Torquato Tasso wurde am 11. März 1544 in Sorrent geboren. Schon sein Vater Bernardo Tasso, der aus einer alten Adelsfamilie stammte, war als Dichter hervorgetreten. Seit 1532 war er Sekretär des Fürsten von Salerno. 1550 wurde er wegen seiner Sympathien für die Franzosen aus dem Königreich Neapel verbannt. Seine Frau mußte, von ihrem Manne getrennt, mit der Tochter Cornelia in Neapel leben und starb bald darauf. Torquato wurde von den Jesuiten erzogen, kam 1554 nach Rom und studierte anschließend in Bologna alte Sprachen, Jurisprudenz, Philosophie und Mathematik. Bereits im Alter von 17 Jahren schrieb er sein episches Gedicht »Rinaldo«, das er dem Kardinal Luigi d'Este widmete. Dieser berief ihn 1565 nach Ferrara. Alfonso II., Herzog von Ferrara, der Bruder des Kardinals, nahm ihn 1572 in seine Dienste. Beide Schwestern des Herzogs, Lucrezia und Eleonore, verherrlichte Tasso in seinen Gedichten. 1565 begann er sein Epos »Das befreite Jerusalem«; er beendete es 1575. In demselben Zeitraum schrieb er seine »Abhandlungen über die Dichtkunst« und das Hirtendrama »Aminta« (1573). Antonio Montecatino, seit 1575 Staatssekretär des Herzogs und anfänglich Tassos Freund, überwarf sich später aus Neid mit ihm und wurde sein Gegner am Hofe. Die Machenschaften des Staatssekretärs machten ihm das Leben dort immer schwerer erträglich. Eine allmähliche geistige und seelische Zerrüttung stellte sich ein; Tasso wurde seiner Umgebung gegenüber in krankhafter Weise mißtrauisch. Am 17. Juni 1577 erhielt er vom Herzog Stubenarrest, weil er mit einem Dolch einen Diener, den er für einen Spion der Inquisition hielt, tätlich angegriffen hatte. Er floh zweimal aus Ferrara, kehrte 1579 jedoch zurück und brach, da er sich nicht wieder mit Wohlwollen aufgenommen fand, in heftige Verwünschungen gegen das herzogliche Haus aus. Alfonso ließ ihn daraufhin als Geisteskranken in ein Armenhospital sperren, aus dem er erst 1586 entlassen wurde. Sein Hauptwerk, »Das befreite Jerusalem«, war inzwischen in verschiedenen Ausgaben in Italien publiziert worden. In den folgenden Jahren führte Tasso ein unstetes Wanderleben. 1595 sollte er in Rom zum poeta laureatus gekrönt werden; er starb jedoch kurz vorher am 25. April 1595 und wurde in Rom bestattet.

7

Der Gang der Handlung

Erster Aufzug

Erster Auftritt. Prinzessin. Leonore.

Die Eingangsszene bleibt für die Handlung als solche fast ohne Bedeutung; umso mehr dient sie der Entfaltung der Charaktere der beiden Frauen und der Darstellung der inneren Gegensätze zwischen ihnen. Beide befinden sich im Garten von Belriguardo, der mit »den Hermen der epischen Dichter« geziert ist. Sie spielen »Schäferinnen« (V. 7) und lassen dabei den Garten zu einem Bild *Arkadiens* werden, damit ein wesentliches Motiv im Denken und Fühlen Tassos antizipierend. Es bleibt aber die schwebende *Zweideutigkeit* des Spiels, ebenso wie auch das *Glück* (eines der Schlüsselwörter des Schauspiels) ins Zwielicht gerückt wird: »Wir *scheinen* recht beglückte Schäferinnen / Und sind auch *wie* die Glücklichen beschäftigt« (V. 7f.). Zweideutig bleibt auch das *Gespräch* der beiden Frauen, eine unverbindliche und von leichter Ironie durchzogene *Konversation*, mit demselben Wort scheinbar Gleiches aussagend und doch anderes meinend, jedenfalls die Akzente verlagernd (z. B. »Vergnügen« V. 4 und 5; »Glück« V. 84 und 85; »Freundschaft« V. 96 und 97). Es handelt sich um ein typisches Beispiel »einer aristokratischen Gesprächskultur« (Neumann S. 44). »Hier tritt der höfische Raum einer hochkultivierten und feinnervigen Gesellschaft in das Bewußtsein des Lesers, eine Atmosphäre, die allem Gesagten eine Spur Unverbindlichkeit verleiht; eine Aufforderung, diese Sprache nicht unbesehen beim ›Wort‹ zu nehmen« (Neumann S. 42 f.).

Die Frauen winden *Kränze*, mit denen sie zwei der Hermen schmücken. Es ist kennzeichnend für beide, was für einen Kranz sie flechten, kennzeichnend auch, welches Dichterbild sie bekränzen.

Leonores Kranz ist »bunt von Blumen« (V. 9); sie ist dem bunten, heiteren Leben zugewandt; ihr Kranz bleibt ohne tiefere, symbolhafte Bedeutung. Die *Prinzessin* hingegen, »mit höherm Sinn und größerm Herzen« (V. 11), wählt für ihren Kranz »den zarten, schlanken Lorbeer« (V. 12), der dem Apollo heilig war und mit dem Hellas seine großen Helden und Dichter auszeichnete.

Die Prinzessin drückt ihren Kranz auf das Haupt *Virgils,* Leonore schmückt die Herme *Ariosts.* »Die erste entscheidet sich für den poeta vates, die andere für jenen Dichter, der, fern davon, mahnend und deutend in das geschichtliche Leben eingreifen zu wollen, diese Wirklichkeit ihrer eigenen Gesetzlichkeit überläßt, um sie dafür mit Träumen arabeskenhaft zu umgaukeln«(Josef Kunz S. 452).

Der Gegensatz zwischen den beiden Frauen drückt sich auch in dem folgenden Gespräch aus (V. 20ff.). Die Prinzessin nutzt die Abgeschiedenheit des ländlichen Lebens, um sich in ihren Gedanken in die»goldne Zeit der Dichter« (V. 23) zurückzuversetzen; sie fühlt sich ganz in eine glücklichere *Vergangenheit* hinein, eine Vergangenheit im Bereich ihres Lebens ebenso wie in der Dimension des Geschichtlichen. Leonore hingegen weiß sich an den Schönheiten der *Gegenwart* zu freuen; in ihrem Munde erblüht eine zarte und idyllische Landschaft des Frühlings (V. 28ff.).

Die *Landschaft* Leonores (V. 28–39) ist eine»gestaffelte Landschaft«, die den gartenarchitektonischen Idealvorstellungen der Zeit entspricht; Goethe verarbeitet hier italienische Eindrücke (Florenz, Rom, Palermo).»Schrittweise erweitert sich der Horizont, von den Bäumen des Gartens geht es zu den Brunnen, deren Wasser weit her kommt. Der Morgenwind deutet in ein Ferneres; der blaue Himmel ruht darüber, und weit im Hintergrund schließen die Berge den Horizont ab« (Neumann S. 28). Leonore sieht die Gartennatur in ihrer Wirklichkeit, während der von der Phantasie der Prinzessin (V. 22–27; 175–181) gedeutete Garten eine mythologische Landschaft darstellt, die der Wirklichkeit entrückt und auf utopische Vergangenheit bezogen ist. Der Garten, den die Prinzessin beschreibt, ist Armidas Zaubergarten (aus Tassos»Befreitem Jerusalem«), in dem nicht Naturgesetze, sondern die der Magie herrschen (s. dazu Neumann S. 31). Nur Leonore hält sich – das zeigen die Landschaften der einzelnen Personen – in der Mitte des Spiels zwischen Wirklichkeit und Traum; für sie bleibt jederzeit die Möglichkeit offen, in die Wirklichkeit zurückzukehren.

Nicht weniger zeigt sich der Gegensatz der beiden Frauen in ihrem *Verhältnis zu Tasso* und in ihrer Beurteilung des Dichters. Die Gräfin läßt Tasso, freilich nicht ohne tiefes Verständnis für das Wesen der Dichtung, in einem Reich der ästhetischen Irrealität und des schönen, aber unverbindlichen Scheins beheimatet sein:

> »Sein Auge weilt auf dieser Erde kaum;
> Sein Ohr vernimmt den Einklang der Natur;
> Was die Geschichte reicht, das Leben gibt,
> Sein Busen nimmt es gleich und willig auf:
> Das weit Verstreute sammelt sein Gemüt,
> Und sein Gefühl belebt das Unbelebte.
> Oft adelt er, was uns gemein erschien,
> Und das Geschätzte wird vor ihm zu nichts.
> In diesem eignen Zauberkreise wandelt
> Der wunderbare Mann und zieht uns an,
> Mit ihm zu wandeln, teil an ihm zu nehmen;
> Er scheint sich uns zu nahn und bleibt uns fern;
> . . . .

9

Prinzessin:
Du hast den Dichter fein und zart geschildert,
Der in den Reichen süßer Träume schwebt.
Allein mir scheint auch ihn das Wirkliche
Gewaltsam anzuziehn und festzuhalten« (V. 159–176).

Die Prinzessin erkennt also, wie sehr Tasso als Künstler, wie sehr Kunst überhaupt der Wirklichkeit verhaftet ist.
Die Gräfin aber nimmt *Tasso* auch *als Liebenden* nicht ernst. Sie deutet Tassos
Liebe als einen »literarischen, im Grunde unverbindlichen Minnedienst« (Wolfdietrich Rasch S. 147), als ein gesellschaftliches ebenso wie ein ästhetisches Spiel,
das sich der Gestalt der Geliebten nur als eines Anlasses bedient:

> »Hier ist die Frage nicht von einer Liebe,
> Die sich des Gegenstands bemeistern will« (V. 205f.).

Im »Doppelsinn« des Namens Leonore, der die Prinzessin wie auch die Gräfin
meinen kann – vielleicht auch beide – drücke sich diese Unverbindlichkeit aus:

> »Uns liebt er nicht – verzeih, daß ich es sage –
> Aus allen Sphären trägt er, was er liebt,
> Auf einen Namen nieder, den wir führen,
> Und sein Gefühl teilt er uns mit...« (V. 212ff.).

Die Prinzessin freilich nimmt auch hier Tasso ernster: Sie erkennt in seinen Versen
die »holden Früchte einer wahren Liebe« (V. 181). Ihr Gefühl und ihre Hoffnung,
selbst von Tasso geliebt zu sein, verbirgt sie hinter der scherzhaften Andeutung,
Tassos poetische Werbung beziehe sich auf die Gräfin (V. 142ff.).
In der unterschiedlichen Haltung dem Dichter und seiner Existenz gegenüber,
in der gegensätzlichen Auffassung vom Wesen und von der Bedeutung der Poesie
entfaltet sich zugleich der Gegensatz, der das *Hauptproblem des ganzen Dramas*
bildet: Ist die Kunst ein schöner Schein, eine liebenswürdige Arabeske, die Leben
und Wirklichkeit verschönt, aber sie im letzten Grunde unberührt läßt und sich vom
Leben und von der Wirklichkeit nicht berühren läßt? Oder ist sie Ausdruck einer
Sinngebung des Lebens und der Wirklichkeit selbst, eine im Wirklichen integrierte
Idee, ja die Wirklichkeit selbst?

Erklärungen:
Herkules von Este, Hippolyt von Este (V. 68f.): Ercole I. hatte Bojardo nach Ferrara ge-
holt; dessen Sohn, Kardinal Ippolito d'Este förderte Ariost. – Die Schwester (V. 102):
Lucrezia d'Este, mit dem Erbprinzen von Urbino in unglücklicher Ehe verheiratet. – Die
Myrte (V. 144): der Aphrodite heiliger Baum. – »Du Schülerin des Plato!« (V. 222): Die
Philosophie der Renaissance nahm das Studium der Schriften Platons wieder auf (während
die auf der Philosophie des Aristoteles basierende Scholastik der Ablehnung verfiel). Mittelpunkt der Erneuerung des Platonismus war die 1458 am Hofe Cosimos von Medici in

Florenz gestiftete sogenannte Platonische Akademie. Von da her zog der Geist des Platonismus auch in Ferrara ein. Wenn Leonore die Prinzessin als Schülerin des Plato bezeichnet, dann deswegen, weil für sie Schönheit und Eros als Ideen bedeutsam werden.

Zweiter Auftritt. Die Vorigen. Alphons.

Der zweite Auftritt führt die *Exposition* fort. Es gesellt sich *Herzog Alphons* zu den beiden Frauen. Er enthüllt sein eigenes Wesen ebenso wie seine von der höfischen Kultur der Renaissance geprägten Ansichten über die Kunst und die Aufgaben des Künstlers. Tasso ist Gegenstand des Gespräches. Der Herzog tadelt es an Tasso als »Fehler«, daß er »mehr die Einsamkeit als die Gesellschaft sucht« (V. 243f.). Er vermißt offensichtlich den Dichter allzu oft im geselligen Kreise des Hofes. Obwohl der Herzog gebildet, kultiviert und voller Liebe zur Kunst ist, mangelt es ihm dennoch an echtem Verständnis für den Künstler. So ärgert es ihn auch, daß Tasso mit seinem Werke (dem »Befreiten Jerusalem«) nicht fertig wird.

> »Er kann nicht enden, kann nicht fertig werden,
> Er ändert stets, ruckt langsam weiter vor,
> Steht wieder still, er hintergeht die Hoffnung;
> Unwillig sieht man den Genuß entfernt
> In späte Zeit, die man so nah geglaubt« (V. 265ff.).

Der Herzog begreift weder, daß ein dichterisches Werk der vielfachen Überarbeitung und Verbesserung bedarf noch daß der Künstler voller Leidenschaft und mit seiner ganzen Person in der Sorge um sein Werk aufgeht.

Schließlich tadelt er das unberechtigte *Mißtrauen,* das *Tasso* allen Menschen seiner Umgebung entgegenbringe (V. 315ff.). Er glaubt auch von dem Dichter fordern zu müssen, daß er sein sonderliches Wesen, seine Eigenbrötelei unterdrücke und sich in die höfische Gesellschaft selbstverständlich einfüge.

Der Herzog (und durch ihn die Gesellschaft, deren Exponent er ist) tritt also gegenüber dem Dichter als der Fordernde auf; eine Anerkennung der Besonderheit des dichterischen Genies erscheint überhaupt nicht in seinem Denken. Von daher ist der Tadel des Herzogs zu verstehen: die Normen der Gesellschaft gelten uneingeschränkt auch für den Dichter am Hofe. Daher glaubt er auch, den Dichter durch die Einführung in »Vaterland und Welt« (V. 294f.) erziehen zu können, nicht begreifend, daß Tasso von so anderer Wesensart ist, daß jeder derartige Erziehungsversuch von vornherein zum Scheitern verurteilt wäre.

Auch des Herzogs Auffassung von der Kunst ist ganz vom Denken der höfischen Gesellschaft bestimmt. So betrachtet er das dichterische Werk Tassos als einen »Genuß« (V. 268); er glaubt, das Ziel des Dichters sei es, mit seinem Werke Ruhm zu gewinnen, und er werde sich als fürstlicher Gönner seinen Teil des Ruhmes davon

11

nehmen können (V. 291). Leonore Sanvitale, die dem Herzog in allem zustimmt, betrachtet das Werk des Dichters als ein »würdig Opfer« für den Fürsten (V. 258).

Von tieferem und echterem Verständnis für Tassos Dichtertum ist hier wiederum auch die *Prinzessin*. Sie erkennt und hält dem Herzog entgegen, daß ein dichterisches Werk nicht wie eine beliebige Arbeit zum Ende geführt werden könne:

> »Nur durch die Gunst der Musen schließen sich
> So viele Reime fest in eins zusammen« (V. 272 f.).

Sie weiß, daß es nicht Aufgabe und Wesen der Poesie ist, »reizend zu unterhalten« (V. 277); sie versteht vielmehr die »Sorge«, »nur diesen Trieb« in Tasso, der »sein Gedicht zum Ganzen ründen« lassen will (V. 270 ff.) und der seinen Hang zur Einsamkeit, sein Sichausschließen aus der Gesellschaft entschuldigt. Sie erkennt, daß das Kunstwerk nicht zum »Genuß« der höfischen Gesellschaft bestimmt ist, sondern daß »des Künstlers Mitwelt sich vergessen muß« (V. 282).

Schließlich weiß sie auch Tassos Mißtrauen aus seinem schwierigen Charakter zu entschuldigen und bittet den Bruder um verständnisvolle Nachsicht (V. 322 ff.).

Auch diese Szene ist also bereits bestimmt durch den Gegensatz, der dann in Tassos Auseinandersetzung mit Antonio offen zutage treten soll.

Erklärungen:
Talent (V. 314): zur Zeit Goethes und auch von Goethe selbst oft im Sinne von »Genie« gebraucht. – Consandoli (V. 355): Lustschloß in der Nähe von Ferrara.

Dritter Auftritt. Die Vorigen. Tasso.

Mit vollendet höfischer Rede überreicht Tasso dem Herzog sein nunmehr fertiggestelltes Werk. Dabei bringt er zum Ausdruck, daß seine Schöpfung durch »der Dichtung holde Gabe« (V. 405), aber auch durch die freie und großzügige Aufnahme am herzoglichen Hofe möglich geworden ist, die »jede Sorge mir vom Haupte nahm« (V. 419). Tasso ist sich also der Besonderheit seines dichterischen Talents bewußt; andererseits aber denkt er realistisch genug, um zu erkennen, daß sein Kunstwerk nur gedeihen kann, wenn für den Künstler die materiellen Voraussetzungen gegeben sind. So kann er auch den Hof von Ferrara, den »Erfahrung, Wissenschaft, Geschmack« (V. 452) kultiviert haben, als sein »Vaterland«, als den »Kreis, in dem sich meine Seele gern verweilt« (V. 449 f.), bezeichnen. Angesichts des freudigen Gefühls, hier Anerkennung und Verständnis für seine Schöpfung zu finden, darf man ihm für den Augenblick sogar die Worte glauben:

> »Euch zu gefallen, war mein höchster Wunsch,
> Euch zu ergötzen war mein letzter Zweck« (V. 445 f.).

Die Anerkennung bleibt nicht aus. Auf den Wink des Fürsten nimmt die

Prinzessin den von ihr selbst geflochtenen Lorbeerkranz von der Herme Vergils und setzt ihn Tasso aufs Haupt.

Die *Bekränzung* aber macht ihn unsicher. »Er tritt zurück«, heißt es in der Regieanweisung, als die Prinzessin sich ihm mit dem Kranz nähert. »O laß mich zögern!« ruft er aus (V. 474). Auch nach der Bekränzung finden wir ihn erschreckt und beschämt:

> »O nehmt ihn weg von meinem Haupte wieder,
> Nehmt ihn hinweg!...« (V. 488 f.).

Was ist es, was Tasso zu diesem unerwarteten Verhalten veranlaßt? Ist es Schüchternheit, Ziererei? Keineswegs. Für Alphons, für den Hof ist die Bekränzung des Dichters ein repräsentativer Akt. Sie ist eine Geste, mit der man die Anerkennung des Künstlers in der höfischen Gesellschaft demonstriert, mit der man ihm Ruhm schafft, an dem man dann selbst teilzuhaben gedenkt.

Tasso aber erkennt im Lorbeerkranz mehr als die höfische Auszeichnung. Er weiß, daß der »Lorbeer nur um Heldenstirnen wehen soll« (V. 498). Der Lorbeer, Apoll heilig, war Auszeichnung für Dichter und Sänger; er war zugleich Auszeichnung des Helden, Schmuck des römischen Triumphators. Der Lorbeer wird von Tasso als ein »Ursymbol« (Rasch S. 105) begriffen. Das »Entzücken dieses Augenblicks« (V. 514), das ihn in die Knie sinken läßt, ist der Schauer vor diesem Symbol. »Tasso kann den Lorbeerkranz nicht so glatt und selbstverständlich hinnehmen wie irgendein anderes dekoratives Zeichen höfischer Gunst. Das Symbol des Lorbeerkranzes transzendiert die höfische Wirklichkeit, es gehört in Tassos eigentliche, in seine dichterische Welt. Bei der Berührung mit dem Lorbeer wird diese Welt plötzlich gegenwärtig, und es erscheint die Kluft, die sie von der höfischgesellschaftlichen Wirklichkeit scheidet« (Rasch a.a.O.). »Diese Huldigung des kleinen Kreises soll ausdrücklich als ›Vorbild‹ der künftigen Krönung Tassos auf dem Kapitol aufgefaßt werden, die den höfischen Dichter Ferraras zum Range eines Nationaldichters erheben würde. Damit wird die Bekränzung in Belriguardo in ihrer Bedeutung gemindert; sie erhält etwas Vorläufiges, Momentanes, Unverbindliches« (Blumenthal 1 S. 15 f.).

Die mythische Partnerschaft von Dichter und Held, durch den Lorbeerkranz symbolisiert, taucht in Tassos visionären Vorstellungen auf. Im Spiegel eines Brunnens sieht er sein eigenes Bild. Wirklichkeit verschwimmt mit einem Traum, die Gegenwart mit einer mythischen Vergangenheit ohne Ort und Zeit: *Elysium.* Hier sind Künstler und Helden, Kunst und Heldentum (»gleiches Streben« V. 551) vereint; die Gegenwart aber kennt keine Versöhnung dieses Gegensatzes. Wolfdietrich Rasch (S. 117) führt dazu aus: »Wie im entrückten Bereich Elysiums, so sind in Tassos Vision die Helden und Dichter auch im Leben ›fest verbunden‹, untrennbar mit der Notwendigkeit einer Naturkraft zusammengehalten, wie der Magnet ›das Eisen mit dem Eisen‹ verbindet. Tasso findet das eindringlichste Bild, um die Festigkeit und Unentrinnbarkeit dieser Bindung zu bezeichnen. Sie erhält auf diese Weise den stärksten Akzent in dem Bilde der alten Welt, das er beschreibt. ›Gleiches Streben‹ bindet sie, das bedeutet also ein Wirken für große und wesenhaft gleiche Aufgaben und Ziele, ein ebenbürtiges Tun im höchsten Bereich menschlicher Tätigkeit. Daß aber das Wirken des einen und des anderen einander zugeordnet und harmonisch verbunden ist, ist Zeichen und Bürgschaft für die unzertrennliche Einheit, die rechte Ordnung der Welt. Es ist die Kernvorstellung von Tassos Bild einer gültigen Weltordnung, und von hier aus werden seine Gesinnung und sein Verhalten im Verlauf des Dramas erkennbar. Die Vision der Bekränzungsszene hat eine fundamentale Bedeutung für das innere Geschehen des Dramas. Unmittelbar nach dieser Vision, kaum daß Tasso wieder in die Gegenwart zurückgerufen ist, kommt Antonio aus Rom und darin, wie er sich gibt und was er sagt, zeigt sich bereits leise, aber unverkennbar, daß jener Magnet seine Kraft verloren hat, Held und Dichter sich getrennt haben in der Welt, in der Tasso lebt. Alexander in Elysium suchte nicht nur Achill, sondern mit gleicher Liebe auch Homer. Antonio ›sucht‹ nicht mehr den Dichter Tasso, er billigt ihm auch nicht mehr den Wert des ›gleichen Strebens‹ zu. Die Gemeinschaft und Verbundenheit von Held und Dichter, Tat und Wort, Handeln und Formen ist zerrissen. Das wird dann in der Duellszene vollends klar. Sie ist das schärfste Gegenbild zu dem visionären Bild von der Welt der ›Heroen und Poeten der alten Zeit‹.«

Für Alphons ist der Lorbeer nur ein »Zeichen, das den Dichter ehrt« (V. 459); der Held, der des Dichters bedarf (zu seinem Ruhme), neidet es ihm, so meint der Herzog, nicht (V. 460 f.).

Erklärungen:
Vers 411 ff.: Andeutungen des Schicksals des Vaters Bernardo Tasso und der Familie. –
Krone (V. 484): gemeint ist die Krönung zum poeta laureatus (die Tasso im Jahre seines Todes tatsächlich zuteil werden sollte).

Vierter Auftritt. Die Vorigen. Antonio.

Mit dem Auftreten *Antonios* – der letzten Person des Dramas, die Goethe exponierend einführt – bricht der bisher latent gebliebene Widerspruch zwischen Kunst und Gesellschaft, zwischen Geist und Tat offen hervor.

Antonio Montecatino kehrt von einer erfolgreichen diplomatischen Mission aus Rom zurück. Wie Tasso durch die Vollendung seiner Dichtung den Lorbeerkranz, so hat sich Antonio durch seine politisch-praktische Tätigkeit nach den Worten des Fürsten eine andere Auszeichnung verdient: die Bürgerkrone aus Eichenlaub (V. 682). In der Verschiedenheit der Auszeichnungen offenbart sich die Gegensätzlichkeit von Geist und Tat: der Lorbeerkranz ist für den Dichter, nicht mehr für den Helden bestimmt.

14

Welche Rolle Antonio (hierbei viel kompromißloser als der Herzog) der Kunst und der Wissenschaft zuweisen möchte, zeigt er am Beispiel des Papstes:

>>Er ehrt die Wissenschaft, sofern sie nutzt,
Den Staat regieren, Völker kennen lehrt;
Er schätzt die Kunst, sofern sie ziert, sein Rom
Verherrlicht und Palast und Tempel
Zu Wunderwerken dieser Erde macht.
In seiner Nähe darf nichts müßig sein:
Was gelten soll, muß wirken und muß dienen<< (V. 665 ff.).

Kunst und Wissenschaft haben die Aufgabe, zu nützen und zu dienen, zu zieren und zu verherrlichen. Der Bereich des praktischen Handelns ist völlig autonom geworden. Josef Kunz (S. 455) weist darauf hin, daß Antonio Wörter wie >>erfahren<<, >>tätig<<, >>klug<<, >>wirken<<, >>dienen<<, >>zieren<<, >>Zweck<<, >>Vorteil<<, >>Nutzen<< ständig im Munde führt.

Wie Antonio die Aufgabe der Kunst, zu >>zieren<<, versteht, zeigt er am Preis Ariosts (V. 709 ff.). Dieser Dichter, der in seinen Versen die Heiterkeit und Buntheit des Lebens sich entfalten läßt, erfüllt die Aufgaben, die Antonio dem Künstler zuweist.

Die Laudatio des Ariost beweist, daß Antonio keineswegs etwa ein ungebildeter Banause ist. Auch er nimmt an der Kunst regen Anteil, freilich mehr um sich bezaubern als sich ergreifen zu lassen.

Die Gereiztheit Antonios gegen Tasso, die in der Szene II, 3 sich in offener Feindschaft entlädt, wird durch *Tasso* in keiner Weise provoziert. Er tritt Antonio vielmehr mit Bescheidenheit und Ehrerbietung entgegen:

>>Auch meinen Gruß! Ich hoffe, mich der Nähe
Des vielerfahrnen Mannes auch zu freuen<< (V. 581 f.).

Diese Ehrerbietung ist keine Devotion gegen einen sozial Höherstehenden, denn auch Tasso stammt aus dem Adel und ist Antonio durchaus ebenbürtig. Sie ist Achtung vor dem älteren und erfahrenen Menschen. Antonio weist Tassos Bitte halb zurück, indem er eine Möglichkeit des Verständnisses zwischen beiden von vornherein in Zweifel zieht (V. 583 f.). Auch das Mißfallen, das Antonio an der Bekränzung Tassos äußert (V. 697 ff.), ist in keiner Weise durch Tassos Verhalten hervorgerufen worden, und es wird umso unverständlicher, als der Herzog Antonio die Auszeichnung durch die Bürgerkrone in Aussicht gestellt hat. Nicht Neid ist es, der sich in Antonios Unmut äußert, sondern die *Verneinung des Anspruchs der Kunst auf Autonomie.*

Es ist aufschlußreich, *Antonios Landschaftsvision* (V. 711–732) mit den Landschaften Leonores und Tassos zu vergleichen. Dazu hat *Neumann* (S. 115 ff.) einige Ausführungen gemacht. Er sagt zu Antonios Landschaft: >>Das scheinbar so wahllos bunte Gegaukel von

Bildern und Allegorien erfährt eine planvolle Gliederung«(S. 117). In den Versen 711–713 trenne das vergleichende»wie – so« Schein und Sein; dies wiederhole sich in den Versen 718–719. Die Anaphern in den Versen 726–729 dienten hier nicht»einer verwischenden Koordination, sondern abermals der Antithese paralleler Satzglieder«(S. 118).»Ein festumrissener Raum entsteht. Entsprechend ist die Zeit kontinuierlich gedacht.... Erst jetzt, nachdem die verwandte geistige Struktur dieser Landschaften, der Leonores und Antonios, deutlich geworden ist, das Ordnende, Umgrenzte, Überschauende, fällt auch auf, daß in den Motiven eine auffallende Ähnlichkeit herrscht...:

Leonore	Antonio
Schatten 29 Hain 194	unter Blütenbäumen 720
immergrüne Bäume 29	grünes Kleid 712 Bäume 720
	Grün 728
Rauschen dieser Brunnen 31	Quell des Überflusses 724
Blumen 33, 189	Blüten 721 Rosen 722
Kinderaugen 34	Amoretten 723
Schnee 38	Schnee 721
Wolken 187	Wolke 729
Busch 192	Büsche 727
Nachtigall 192	Geflügel 726
Klagen Wohllaut 194	wohlgestimmter Laute wild 731
Luft 194	Luft 726«.

Auch *Tassos* visionäre *Landschaft* (V. 981–994) läßt sich mit der Antonios vergleichen; beide bedienen sich fast gleicher Motive (Neumann S. 123):

»Tasso	Antonio
frohe Herden 982	fremde Herden 727
uralter Baum 983	unter Blütenbäumen 720
bunte Wiesen 983 Gebüsch 985	Wies und Busch 727
Schatten 984	unter Blütenbäumen auszuruhn 720
der weiche Fluß 988	Quell des Überflusses 724
Vogel in der freien Luft 992	Geflügel in der Luft 726«.

Dennoch zeigen sich wesentliche Unterschiede:»Die Landschaft Antonios ist antithetisch gegliedert, die Raumkomposition ist der Empirie analog – wenn auch die Motive poetische Versatzstücke sind –, die Zeit ist als real-fließend gedacht, Bedeutung und Bedeutendes sind scharf geschieden, das Erscheinende figuriert bewußt für etwas anderes. Eine solche Darstellung muß allegorisch heißen«(S. 124). Tassos Landschaftsvision hingegen sei symbolisch.»Sechs Motive treten zueinander und durchdringen sich: Einklang von Natur und Liebe, Einklang von Natur und mythischer Gestalt..., gefahrloses Dasein, froher Genuß; Uraltes, das die Liebe schützt, Freiheit. Es gibt keinen Fortschritt und keine Entwicklung« (S. 120f.).

Zusammenfassend sagt *Neumann* zu den in die Konfiguration einbezogenen Landschaften (S. 123):»Es gestaltet sich die geistige Struktur der Figuren durch Gegenüberstellungen von Landschaften: Figuren ordnen sich einander zu, einander kritisch beleuchtend, ergänzend, korrigierend. Landschaften zwischen Leonore und der Prinzessin in der ersten Szene, Landschaften zwischen Leonore und Antonio, zwischen der Prinzessin und Tasso; die höhere Figur dieses Tanzes vollendet sich, wenn Tasso und Antonio mit ihren Sprachwelten einander gegenübertreten: die ›goldene Zeit‹ (979–994) des einen, das Blütenreich in ariostischer Manier des anderen (711–733).«

Erklärungen:
Gregor (V. 603): Papst Gregor XIII. (1572–1585). – Nepoten (V. 654): Die Ausstattung der Verwandten des Papstes mit erblichen Fürstentümern aus dem Gebiet des Kirchenstaates war im Mittelalter und in der Renaissance gang und gäbe. Seit dem 16. Jahrhundert beschränkte man sich auf die Verleihung von Ämtern und Titeln an die Nepoten (sog. »kleiner Nepotismus«). – Bürgerkrone (V. 682): Die Bürgerkrone (corona civica), ein Kranz aus Eichenlaub, wurde im Imperium Romanum für die Errettung eines römischen Bürgers aus Todesgefahr verliehen. Sie galt als besonders hohe militärische Auszeichnung.

Zweiter Aufzug

Erster Auftritt. Prinzessin. Tasso.

In dieser Szene beginnt das *zweite Motiv* des Dramas wirksam zu werden: *Tassos Liebe zur Prinzessin.* Dieses Motiv ist nicht eine zufällige Beigabe, etwa gar eine Konzession an den Geschmack des Publikums, sondern es steht in einem notwendigen, ergänzenden Zusammenhang mit dem bereits im ersten Aufzug entfalteten Hauptmotiv des Zwiespalts zwischen Kunst und Leben, Künstler und Welt, Geist und Tat.

Antonio hat Tasso in einer schweren »Verwirrung« zurückgelassen:

>»Ich will dir gern gestehn, es hat der Mann,
>Der unerwartet zu uns trat, nicht sanft
>Aus einem schönen Traum mich aufgeweckt;
>Sein Wesen, seine Worte haben mich
>So wunderbar getroffen, daß ich mehr
>Als je mich doppelt fühle, mit mir selbst
>Aufs neu' in streitender Verwirrung bin« (V. 760ff.).

Die Prinzessin mißversteht Tasso zunächst, indem sie glaubt, er sei über Antonios Lob Ariosts gekränkt und fühle sich selbst diesem gegenüber abgewertet (V. 777ff.). Tasso jedoch berichtigt: nicht die Hochschätzung Ariosts habe ihn getroffen, sondern die Erkenntnis, daß er selbst vor »jener Welt« (V. 790) – das Pronomen »jener« deutet auf die tiefe Kluft hin – als Künstler nicht bestehen könne:

>»Doch ach! Je mehr ich horchte, mehr und mehr
>Versank ich vor mir selbst, ich fürchtete,
>Wie Echo an den Felsen zu verschwinden,
>Ein Widerhall, ein Nichts, mich zu verlieren« (V. 797ff.).

Tasso wird sich seines »Unwertes« (V. 797ff.) in vollem Maße bewußt. Er weiß, wie sehr ihm als Künstler das praktisch-nüchterne Tatmenschentum des Antonio mangelt (»Er besitzt, ich mag wohl sagen, alles, was mir fehlt«, V. 943f.) und wie sehr er eines Mannes wie Antonio bedarf, um in dieser Welt existieren zu können. Andererseits ist er sich freilich auch darüber im klaren, daß Antonio als Mensch ebenso unvollkommen, auch nur ein halber Mensch ist wie er selbst:»Die Grazien sind leider ausgeblieben«, sagt er von Antonio (V. 947). Auch die versöhnlichen Einreden der Prinzessin können Tasso nicht aus seiner Depression reißen. Weder die Ankündigung des Versuchs, Freundschaft zwischen ihm und Antonio zu stiften (»Ihr müßt verbunden sein: Ich schmeichle mir,/ Dies schöne Werk in kurzem zu vollbringen«, V. 956f.), noch ihre Aufforderung, er solle sich auf seinen eigenen Bereich, die Kunst, beschränken und als Dichter neben den Helden treten (V. 805ff.), sind imstande, ihn mit seiner Situation und seiner Erkenntnis zu versöhnen.

Es kommt ihm hier nämlich nicht auf Freundschaft mit Antonio an, auch nicht darauf, als Dichter neben dem Helden zu stehen. Grund seiner Trauer ist vielmehr die Erkenntnis, daß er in einer Zeit lebt, in der Dichter und Held, Kunst und Leben, Geist und Tat durch einen nicht wieder überbrückbaren Abgrund getrennt sind.

Von daher sind auch *Tassos Vision der Goldenen Zeit* und seine so oft mißverstandenen Worte »Erlaubt ist, was gefällt« (V. 994) zu verstehen.

In Tassos Vision wird das mythische Zeitalter, wird *Arkadien* beschworen, in dem die Gegensätze, die in der geschichtlichen Zeit und in Tassos Gegenwart aufgebrochen sind, noch versöhnt sind. Diese Versöhnung zeigt sich in der harmonischen, friedlichen Natur, die alle Geschöpfe sanft und liebevoll umfängt. Die dämonischen Kräfte sind gebannt und unschädlich. In einer solchen harmonischen Welt besteht auch kein Zwiespalt zwischen Pflicht und Neigung, zwischen Wollen und Sollen: jeder tut das Gute aus Neigung. Daher kann Tasso von dieser mythischen Zeit sagen:»Erlaubt ist, was gefällt«.

H. A. Korff deutet diese Worte als Ausdruck eines von dem Dichter Tasso nicht überwundenen Titanentums, wie Korff überhaupt das Problem des Dramas in der Überwindung des Sturm-und-Drang-Geistes zugunsten einer entsagenden Einordnung in die Gesellschaft sehen will. Tasso schwärme sturm-und-dranghaft noch von einer natürlichen »goldenen Zeit«; aber:»Goethe sieht den Idealzustand nicht mehr wie zuvor in dem reinen Naturleben Rousseaus, sondern in der höchsten Form sittlicher und geistiger Kultur. Und diese Kultur hat für ihn wesentlich gesellschaftlichen Charakter« (Korff S. 169).

Diese Deutung wird von der neueren Forschung, besonders von *Rasch*, abgelehnt. Dieser führt dazu aus:»Die Deutung Tassos als eines selbstherrlichen, ungebärdigen Künstlers, der alle Grenzen und Gesetze mißachtet, stützt sich vornehmlich auf das Wort ›Erlaubt ist, was gefällt‹, das immer wieder als seine Lebens-Maxime, als Forderung unbegrenzter moralischer Freiheit verstanden wird« (S. 74). »Überhaupt ist weder hier, noch an anderer Stelle auch nur von fern angedeutet, daß

Tasso den Wahlspruch für sich selbst und seine Gegenwart in Anspruch nähme. Es ist der Wahlspruch einer verschwundenen Zeit, er kennzeichnet nur einen verlorenen seligen Zustand. Es ist Arkadien, was Tasso als Zeit unschuldigen Genießens und harmonischen Daseins beschreibt. . . . Arkadien, der Stand des Goldenen Zeitalters, ist ein Weltzustand menschlichen Daseins, in dem es noch dem Ursprung nahe ist und doch nicht roh und gewaltsam, wie ein bloßer erster Anfang des natürlichen Lebens mit seinem Kampf um Selbstbehauptung sonst gedacht wird. . . . Natur als gesicherte Einheit des befriedeten, harmonischen Gesamtwesens, in das der Mensch ohne Bruch eingefügt ist, allen Geschöpfen brüderlich nahe und doch ganz Mensch: dieses arkadische Bild bewahrt der Dichter in sich. Das entspricht jener Fähigkeit in ihm, die bezeichnet ist mit dem Vers:

›Sein Ohr vernimmt den Einklang der Natur.‹

Alle Geschöpfe, Pflanze, Tier und Mensch, sind in Arkadien liebend und teilnehmend einander zugeneigt. Der Baum gibt willig seinen Schatten dem liebenden Paar, das vom Gebüsch schützend umschlungen wird. . . . Das Böse, das den Frieden stört, ist nicht ganz geschwunden aus dieser Welt, es regt sich in der Schlange, im dämonischen Faun. Das sind Reste der barbarisch wilden Natur. Aber sie lassen sich leicht verscheuchen, sie wirken nicht mit ungebrochener Gewalt. . . . ›Erlaubt ist, was gefällt‹: Es ist die echte Unschuld, die in dieser Maxime sich ausdrückt, nicht die rohe Willkür. In Arkadien wirkt die unfehlbare Sicherheit des Instinktes, der ohne Regel und Vorschrift das Rechte tut, weil nur das Rechte und Gute begehrt wird von Tier und Mensch – außer von der Schlange und dem Faun, die das nicht ganz erloschene, wenn auch arkadisch gedämpfte böse Prinzip verkörpern und denen ihre Willkür nicht ›erlaubt‹ ist. Was gefällt, was der reine Trieb in dieser befriedeten Welt begehrt, das ist nur das Rechte, und darum läßt sich dieser Weltzustand kennzeichnen mit dem Worte ›Erlaubt ist, was gefällt‹. . .« (S. 75ff.).»Tasso macht durchaus keinen Einwand gegen eine moralische Gesetzlichkeit als solche. Er ist kein ›titanisches‹ Sturm- und Drang-Genie, das gegen moralische Gesetze und Konventionen grundsätzlich revoltiert und unbedingte Freiheit für sich fordert. Er bewegt sich mit dem noblen Anstand eines jungen Adligen, der Sitte und Konvention grundsätzlich bejaht« (S. 79).

Die *Prinzessin* jedoch verweist das Goldene Zeitalter in den Bereich der bloßen Vorstellung; sie hält Tasso den für die gesellschaftliche Wirklichkeit allein geltenden Satz »Erlaubt ist, was sich ziemt« (V. 1006) entgegen.

Neumann reflektiert über die Bedeutung der antinomischen Aussagen im Drama:»Es stellt sich also die Frage . . . : Wollte Goethe den Leser irreführen? Allerdings: Der pointierte Aphorismus hat etwas Dramatisches in Spruch und Gegenspruch. Kein Wunder, daß Goethe ihn sich nutzbar macht; freilich nicht zu lebensphilosophischer Aussage, sondern als Mittel der Konfiguration. Erlaubt ist, was gefällt – Erlaubt ist, was sich ziemt. Der Satz soll zur Diskussion herausfordern, wer dabei stehen bleibt, wer darauf hereinfällt, mag sich

die Zähne ausbeißen ...« (S. 137). »Der Streit der Meinungen ist maskierte Form ...
Es gibt in diesem Drama keine Stelle, wo die Diskussion eines oder mehrerer Begriffe sich
um dieser Begriffe allein willen entspinnt. Begriffliche Auseinandersetzungen haben zwar
ihre Geltung im Zusammenhang der Situation, sie sind aber zugleich und im tiefsten Sinn
Vorwand für die Gestaltung der Figuren und ihrer Verhältnisse« (S. 40).

Ein Goldenes Zeitalter der Versöhnung kann allerdings nach Ansicht der
Prinzessin Wirklichkeit werden: im Einklang zweier »verwandter Herzen«, also im
Bereich der Innerlichkeit, nie aber in der realen geschichtlichen Welt im Ganzen.
Die Irrealität einer idealen Goldenen Zeit wird von der Prinzessin auch vom Wesen
der Geschlechter her – dies läßt sich nur aus der Situation des Gesprächs verstehen –
gedeutet: Der Mann, das immer über sich hinausstrebende Wesen, mache einen
Zustand der Harmonie unmöglich, während die Frau von ihrer Natur her dem Ver-
gänglichen mehr verhaftet sei und sich von selbst dem Maß und der Sitte unter-
werfe (V. 1013 ff. und V. 1024 ff.). Auf die hier von Goethe wiederaufgenommenen
Motive der »Iphigenie«, auf die Deutung des Wesens der Frau als der »schönen
Seele« – im Gegensatz zu der »erhabenen Seele« des Mannes – sei nur en passant
hingewiesen.

Korff (S. 171) sagt zu der Stelle: »Denn in der deutschen Klassik hat die Frau ganz allgemein die hohe und ideale Aufgabe, den von seinen dämonischen Naturkräften getriebenen
Mann zu sittigen, ihn zur idealen Höhe der Humanität hinanzuziehen und mit der Macht
ihrer Weiblichkeit über die gesellschaftliche Gesittung zu wachen.«

Indem Goethe die Prinzessin das Gespräch über die Goldene Zeit auf die Dif-
ferenz der Geschlechter hinleiten läßt, macht er den Weg frei für die Entfaltung des
Motivs der Liebe zwischen Tasso und der Fürstin. Schon vor Tassos Lob des
mythischen Goldenen Zeitalters klingt dieses Motiv an. Die Prinzessin spricht
(V. 842 ff.) von ihrer Kränklichkeit, die sie an der uneingeschränkten Teilnahme an
der höfischen Geselligkeit lange Zeit gehindert hat. Aus den persönlichen Schick-
salen der Prinzessin erklärt sich ihr verinnerlichtes, stilles Wesen, daraus wiederum
ihr Verständnis für das diffizilere Seelenleben des Dichters. Ihre Rede endet in
einer offenen Kundgabe persönlicher Sympathie für Tasso (V. 864 ff.). Dieser gibt
in seiner Antwort (V. 910 ff.) auch seinerseits seine tiefe Neigung zu erkennen und
bezeichnet die Prinzessin zugleich als seine Erzieherin zu innerer Sammlung und zu
Maß und Mäßigung:

> »Wenn unerfahren die Begierde sich
> Nach tausend Gegenständen sonst verlor,
> Trat ich beschämt zuerst in mich zurück
> Und lernte nun das Wünschenswerte kennen« (V. 881 ff.).

Daß es Tasso bei seiner Liebe zur Prinzessin um die wirkliche Person geht, nicht
nur um einen Anlaß zur poetischen Gestaltung, zeigt sich schon hier:

».......... Wenig nur,
Doch etwas, nicht mit Worten, mit der Tat
Wünscht' ich's zu sein, im Leben dir zu zeigen,
Wie sich mein Herz im stillen dir geweiht« (V. 908 ff.).

Tasso geht also durchaus und gerade in seiner Liebe auf eine »Tat«, auf Engagement »im Leben« aus, und er ist sich seiner Position als Künstler in dieser Welt, die ihn in das Reich der schönen Träume verweisen will, schmerzlich bewußt. Diesen Wunsch zu einer realen Liebe bekräftigt er auch in dem die Szene abschließenden Gespräch: »Es schwebt kein geistig unbestimmtes Bild vor meiner Stirne ...« (V. 1094f.). Dennoch aber ist auch diese Liebe des Dichters nicht nur der Welt verhaftet; die Geliebte ist »Urbild jeder Tugend, jeder Schöne« (V. 1098): Platonismus, wie Goethe ihn verstand, Realisation und Individuation der Idee im Wirklichen, Versöhnung von Idee und Welt.

Tasso glaubt sich, nicht zu Unrecht, von der Prinzessin verstanden. Diese aber, nachdem sie schon vorher versucht hat, die Rede des Dichters auf die Unverbindlichkeit der Poesie hinzulenken (V. 1085 ff.), rät zum Schluß zur »Mäßigung«, zum »Entbehren«:

>»Nicht weiter, Tasso! Viele Dinge sind's
>Die wir mit Heftigkeit ergreifen sollen;
>Doch andre können nur durch Mäßigung
>Und durch Entbehren unser eigen werden.
>So, sagt man, sei die Tugend, sei die Liebe,
>Die ihr verwandt ist. Das bedenke wohl!« (V. 1119 ff.).

Kein Zweifel, daß auch sie Tasso liebt.

Erklärungen:
Die Goldene Zeit (V. 975): Der Mythos vom Goldenen Zeitalter ist ein antikes Motiv, das sich zuerst bei Hesiod findet. Er ist ein wesentlicher Bestandteil des antiken Geschichtsverständnisses und wird von Theokrit und Vergil wieder aufgenommen, in der Neuzeit von Petrarca, Sannazaro und von Tasso selbst. – Armide, Tancred, Erminie, Sophronie, Olinde (V. 1090 ff.): Gestalten aus Tassos »Befreitem Jerusalem«.

Zweiter Auftritt. Tasso.

Ein Gefühl überschäumenden Glücks überfällt Tasso nach dem kaum verhüllten Liebesbekenntnis der Prinzessin. Diesem Glücksgefühl gibt er in Versen Ausdruck, die den Bereich der dramatischen Sprache verlassen und zur lyrischen Expression hin vordringen (besonders der Schluß des Auftritts, Verse 1189 ff.).

Schon in der vorhergehenden Szene wurde deutlich, daß die Deutung von Tassos Liebe durch die Gräfin Sanvitale falsch war; seine Liebe ist durchaus »eine Liebe, die sich des Gegenstands bemeistern will«. Das Bewußtsein, von der Prinzessin geliebt zu sein, schließt zunächst einmal den in Tasso aufgebrochenen Zwiespalt, heilt sein Gefühl von der Irrealität seiner Existenz als Künstler. Das drückt sich u. a. auch darin aus, daß er nun nicht mehr die Einsamkeit suchen will:

> ».......... Nein, künftig soll
> Nicht Tasso zwischen Bäumen, zwischen Menschen
> Sich einsam, schwach und trübgesinnt verlieren« (V. 1166 ff.).

Seine Vorstellungen gehen aber noch weiter. Die Kluft zwischen *Held* und *Dichter*, noch geschlossen in einem mythischen Goldenen Zeitalter, heillos aufgebrochen in der geschichtlichen Gegenwart, scheint sich nun Tasso wieder zu schließen; ja Held und Dichter scheinen eine Person werden zu können:

> »Ja, fordre, was du willst, denn ich bin dein!
> Sie sende mich, Müh und Gefahr und Ruhm
> In fernen Landen aufzusuchen, reiche
> Im stillen Hain die goldne Leier mir,
> Sie weihe mich der Ruh und ihrem Preis.« (V. 1154 ff.).

> »O daß die edelste der Taten sich
> Hier sichtbar vor mich stellte, rings umgeben
> Von gräßlicher Gefahr! Ich dränge zu
> Und wagte gern das Leben, das ich nun
> Von ihren Händen habe – forderte
> Die besten Menschen mir zu Freunden auf,
> Unmögliches mit einer edlen Schar
> Nach ihrem Wink und Willen zu vollbringen« (V. 1170 ff.).

In gefährlicher Weise glaubt Tasso im Rausch seines Glücksgefühls eine Existenz ergreifen zu können, in der er notwendig scheitern muß.

Dritter Auftritt. Tasso. Antonio.

Im Überschwang seines Gefühls begegnet Tasso wiederum Antonio und bietet diesem in aller Offenheit und ohne Hintergedanken seine Freundschaft an:

> »Dir biet' ich ohne Zögern Herz und Hand
> Und hoffe, daß auch du mich nicht verschmähst« (V. 1200 f.).

Nicht zuletzt kann er sich dabei wiederholt auf den Wunsch der Prinzessin berufen, die beide gern vereint sehen möchte (V. 1216 f.; V. 1277 ff.; vgl. II, 1, V. 951 ff.). Damit zeigt sich, daß Tasso nicht nur aus eigenem Bedürfnis sich Antonio nähert. Der Vorwurf taktloser Aufdringlichkeit kann ihm also nicht gemacht werden. Auch wird man nicht sagen können, Tasso bringe Antonio als dem Älteren und Erfahreneren nicht die gebührende Hochachtung entgegen. Er hofft, daß »Zeit und

Bekanntschaft« die Verbindung herstellen werden, die Antonio »so kalt« zurückweise (V. 1220 ff.).

Es ist auch Antonios Recht, die angebotene Freundschaft nicht zu akzeptieren, und bei aller betonten Kühle bleibt er zunächst höflich. Die Worte »so kalt« in Tassos Munde empfindet er offensichtlich als Vorwurf, und in seiner Erwiderung klingt der erste gereizte und herabsetzende Ton mit:

> »Der Mäßige wird öfters kalt genannt
> Von Menschen, die sich warm vor andern glauben,
> Weil sie die Hitze fliegend überfällt« (V. 1223 ff.).

Tasso, keineswegs gekränkt, stimmt sogar zu; Antonio antwortet gönnerhaft und ironisch. Antonios weitere sentenzenhafte Redensarten, die, auf Tasso gemünzt, diesen weiter herabsetzen, hört sich der Dichter mit Geduld an. Noch einmal gibt er sich in vollem Vertrauen Antonio hin (»O nimm mich, edler Mann, an deine Brust / Und weihe mich, den Raschen, Unerfahrnen, / zum mäßigen Gebrauch des Lebens ein«, V. 1266 ff.), wird aber wiederum von Antonio zurückgewiesen.

In der ersten Hälfte der Szene bleibt das Gespräch, jedenfalls von seiten Antonios, frostig; auch fallen herabsetzende, aber keine beleidigenden Worte. In der zweiten Hälfte jedoch gewinnt die Unterredung zunehmend an Schärfe; erst in diesem Teil entwickelt sich der Streit, der eindeutig von Antonio ausgeht.

Antonio, verärgert und gereizt über Tassos nach seiner Meinung unverdiente Auszeichnung, beleidigt den Dichter mit den Worten:

> »Wer angelangt am Ziel ist, wird gekrönt,
> Und oft entbehrt ein Würd'ger eine Krone.
> Doch gibt es leichte Kränze, Kränze gibt es
> Von sehr verschiedener Art: sie lassen sich
> Oft im Spazierengehn bequem erreichen« (V. 1298 ff.).

Tasso bleibt noch immer ruhig und höflich und weist auf seine Fähigkeit als Gabe einer Gottheit hin; Antonio bezeichnet diese Gottheit gehässig als die des Glücks. Tasso bleibt weiterhin beherrscht und maßvoll; Antonio schmäht darauf Tassos Lorbeerkranz:

> ».......... er halte gnädiges Geschenk für Lohn,
> Zufälligen Putz für wohlverdienten Schmuck« (V. 1314 f.).

Nun erkennt Tasso endlich Antonios ganze Mißgunst:

> »Du brauchst nicht deutlicher zu sein. Es ist genug!
> Ich blicke tief dir in das Herz und kenne
> Für's ganze Leben dich« (V. 1316 ff.).

Für Tasso ist der Kranz »heilig« und »das höchste Gut« (V. 1325); der Punkt ist erreicht, an dem er Antonios Aggression gelassen hinzunehmen nicht mehr bereit ist. Er setzt sich nun gegen Antonios weitere Invektiven und Zurechtweisungen zur Wehr, jedoch nicht ohne Sachlichkeit und Maß.

Der letzte Teil der Szene bringt nun, immer mehr zur erregten Stichomythie hinführend, den einzigen *»dramatischen«* Punkt des Stückes herbei. Antonio, der das Duellverbot am Hofe genau kennt, reizt mit immer neuen Stichen Tasso in perfider Weise aufs äußerste. Den Vorwurf der Feigheit schließlich kann Tasso als Edelmann nicht mehr hinnehmen, und es bleibt ihm trotz des Duellverbots nichts übrig, als gegen Antonio den Degen zu ziehen.

Die Motivation von Antonios Verhalten ist psychologisch: Er ist momentan gereizt darüber, daß der Dichter dekoriert worden ist, während doch ihm selbst als dem erfolgreichen Diplomaten eine solche Ehrung nicht zuteil geworden ist. Daß es sich um einen Affekt handelt, geht aus seinem späteren Verhalten eindeutig hervor.

Es geht Goethe aber nicht um Psychologie, weder um die des Künstlers noch um die des Staatsmannes. Es geht um den *sozialen,* ja um den *existenziellen* Ort des *Dichters* und des praktisch-nüchternen *Weltmannes,* auch in dem Gespräch zwischen Tasso und Antonio in dieser Szene, besonders in deren zweiter Hälfte. In Antonios gehässigen Angriffen enthüllt sich die grundsätzliche Geringschätzung des Künstlers und seiner Welt des Schönen. Und diese Geringschätzung entspringt nicht dem Ungeiste eines stumpfen, ungebildeten Menschen, sondern sie wird geäußert von einem Gebildeten, der sich auf Kunst versteht und für Kunst ein Empfinden hat. Kunst ist für Antonio kultivierte gesellschaftliche Unterhaltung; in der Welt aber ist sie ohne Bedeutung. So spricht er auch dem Künstler Tüchtigkeit in der Welt, Mut und Tapferkeit ab; der Künstler ist für ihn letztes Endes kein voller Mensch.

Erklärungen:
Unsittlich (V. 1365): ohne Sitte, ohne Zucht. – Frech (V. 1377): hier in der älteren Bedeutung »kühn« gebraucht.

Vierter Auftritt. Alphons. Die Vorigen. / *Fünfter Auftritt.* Alphons. Antonio.

Herzog Alphons wird zum Richter im Streit zwischen Tasso und Antonio. »... Hier sind Recht und Unrecht nah verwandt«, muß er sagen (V. 1523). Dieses Wort des Fürsten entspringt nicht der Resignation angesichts der Unmöglichkeit festzustellen, wer von den beiden Streitenden im Recht ist. Es entspringt vielmehr der Einsicht, daß beide sich in ihrem Verhältnis zu Recht und Gesetz (hier zum Duellverbot) unterscheiden.

Dazu sagt *Rasch* (S. 92): »Er (Tasso – H.K.) vermag nicht das Gesetz als einmal vorhandene Wirklichkeit, als bloße Institution absolut zu nehmen und sieht nicht, daß es sinnvoll sein kann, das faktisch bestehende Gesetz um jeden Preis zu respektieren, auch wenn es mißbraucht wird. Sein Blick richtet sich auf den Sinn des Gesetzes, nicht auf sein bloßes Vorhandensein, das als solches schon Geltung beansprucht. Sieht man in dieser Haltung eine Schwäche, so muß man freilich erkennen, daß sie die Kehrseite eines Wertes ist: der wachsamen Besorgnis um den wahren Sinn des Gesetzes, die verantwortliche Empfindlichkeit für seinen Mißbrauch, seine Entstellung. Auch in dieser Haltung zum Gesetz steht Tasso kontrastierend Antonio gegenüber, der das Faktum des Gesetzes absolut respektiert und verteidigt, es aber gelegentlich umgeht und mißbraucht. So betrachtet, erscheint auch hier wieder der profunde Gegensatz zwischen Dichter und Staatsmann. Weder die eine noch die andere Haltung wird dem Wesen des Gesetzes völlig gerecht.«

Der Herzog verlangt von Antonio, der im ersten Teil des Gespräches durch ironische Herabsetzung Tassos und in unredlicher Weise den Fürsten von seinem Recht zu überzeugen versucht, daß er Tasso Genugtuung leiste (V. 1524 ff.); über Tasso hingegen verhängt er einen Zimmerarrest (V. 1528 ff.).

Tasso kann diesen Urteilsspruch nicht verstehen, da er sich, von seinem Standpunkt aus mit Recht, nicht schuldig fühlt:

> »Es ist mir neu, so neu, daß ich fast dich
> Und mich und diesen schönen Ort nicht kenne« (V. 1540 f.).

Die Bestrafung, die der Herzog nur als Geste betrachtet, ist für den Dichter tödlicher Ernst. Symbolische Akte sind für Tasso eben nicht nur repräsentative Gesten, sondern in ihnen spricht sich der tiefere Sinn alles Lebens aus. Er antwortet mit einem *symbolhaften Akt:* er legt Degen und Kranz ab, das Symbol des ritterlichen Helden und das Symbol des begnadeten Dichters; beide schlingt er ineinander; sie liegen »wie auf dem Sarg der Tapferen, auf / Dem Grabe meines Glücks und meiner Hoffnung« (V. 1393 f.). Daß dieses Handeln Tassos nicht ein theatralisches Getue ist, wie Antonio (in II,5) meint, sondern aus tiefster innerer Erschütterung entspringt, zeigt der lyrische Ton der Schlußverse der Szene II, 4.

Der Herzog ahnt nun etwas von Tassos Empfindungen: »Er ist gestraft, ich fürchte, nur zu viel« (V. 1606). So bittet er Antonio, »als Freund und Vater« (V. 1633) mit ihm zu sprechen und eine Versöhnung herbeizuführen. Daß eine solche Versöhnung nur eine äußerliche sein und den eigentlichen Abgrund, der beide Männer trennt, nicht überbrücken kann, dürfte nicht zu bezweifeln sein.

Antonio aber, der inzwischen seine Gereiztheit überwunden hat, muß nun dem Herzog bekennen:

> »Ich bin beschämt und seh' in deinen Worten,
> Wie in dem klarsten Spiegel, meine Schuld« (V. 1645 f.).

Erklärungen:
Dem Kardinal (V. 1563): gemeint ist Kardinal Luigi d'Este, den Tasso 1571 an den Hof Karls IX. begleitete.

Dritter Aufzug

Erster Auftritt. Prinzessin allein. / *Zweiter Auftritt.* Prinzessin. Leonore.

Leonore Sanvitale gewinnt nun ein deutlicheres Profil. Es beginnt ihr *Intrigenspiel,* das der Absicht entspringt, Tasso für sich zu gewinnen. Die Gelegenheit dafür sieht sie nunmehr gekommen. Sie schlägt der Prinzessin vor, Tasso solle sich »auf eine Zeit von hier« entfernen; er könne »nach Rom, auch nach Florenz sich wenden« (V. 1715 ff.). Am besten natürlich nach Florenz, wo sie dann für ihn sorgen könne. Ihre wahren Absichten enthüllt sie dann in ihrem Monolog III, 3.

Die *Prinzessin* wehrt sich zunächst mit Leidenschaft gegen diese Trennung von Tasso; aber sie weiß weder den Worten Leonores Argumente entgegenzusetzen, noch ist sie in der Lage, dem stärkeren Willen der Gräfin sich zu widersetzen. So stimmt sie schließlich nach einem erregten Gespräch mit Leonore (Stichomythie!) der Entfernung Tassos vom Hofe widerwillig zu:

> »Entschlossen bin ich nicht, allein es sei,
> Wenn er sich nicht auf lange Zeit entfernt« (V. 1741 f.).

Die in dem Gespräch mit Tasso (II, 1) nur verhalten angedeutete *Liebe* bringt sie nun der Gräfin gegenüber, in der sie eine ehrliche Freundin zu sehen glaubt, offen zum Ausdruck. Sie spricht von dem »Augenblick, da ich zuerst ihn sah« (V. 1823; vgl. dazu Tasso in der Szene II, 1, Verse 868 ff.!). Und sie gesteht schließlich unverhüllt ihre Liebe zu dem Dichter:

> »Ich mußt' ihn ehren, darum liebt' ich ihn;
> Ich mußt' ihn lieben, weil mit ihm mein Leben
> Zum Leben ward, wie ich es nie gekannt« (V. 1888 ff.).

Das Geständnis der Liebe wird begleitet von dem Gefühl, »entbehren« zu müssen. Am Schluß der Szene II, 1 hatte die Prinzessin Tasso »Mäßigung« und »Entbehrung« empfohlen; jetzt muß sie selbst empfinden, wie schwer diese *Entbehrung* zu tragen ist:

> »Du willst dich in Genuß, o Freundin, setzen,
> Ich soll entbehren, heißt das billig sein?« (V. 1725 f.).

Aber nicht nur die Gemeinschaft mit Tasso muß die Prinzessin entbehren; ihr Leben überhaupt trägt den Stempel des Entbehrens:

> »Und in Gesellschaft mancher Leiden mußt'
> Ich früh entbehren lernen« (V. 1805 f.).

Die Schatten der Entbehrung haben ebenso über ihrem Leben gelegen wie über dem Tasso. Wie sie früh die Tugend der Geduld hat üben müssen (V.1801f.), so muß sie auch jetzt wieder in Geduld entsagen. Ihre Reflexionen über das Glück sind durchdrungen von Resignation (V.1783ff.). Dabei ist sie realistischer als Tasso. Sie glaubt, daß eine Verwirklichung der Goldenen Zeit nur in der Innerlichkeit der Menschen möglich sei (II, 1). So spricht sie auch hier von dem »reinen stillen Wink des Herzens« (V.1670f.), der »ganz leise, ganz vernehmlich« uns anzeigt, »was zu ergreifen ist und was zu fliehn«. Iphigeniens Glaube an die Humanität aber ist in ihr erschüttert: sie hat erleben müssen, daß sie sich auf »Sitte und Höflichkeit« (V.1692) nicht mehr verlassen kann. Das ist die geschichtliche Wirklichkeit.

So weiß sie auch um die *Gefährdung des Schönen* und um die Gefährlichkeit der künstlerischen Existenz, die, indem sie das Ganze zu ergreifen sucht, wie eine Flamme verzehrt und vernichtet:

> »Zu fürchten ist das Schöne, das Fürtreffliche,
> Wie eine Flamme, die so herrlich nutzt,
> So lange sie auf deinem Herde brennt,
> So lang sie dir von einer Fackel leuchtet,
> Wie hold! Wer mag, wer kann sie da entbehren?
> Und frißt sie ungehütet um sich her,
> Wie elend kann sie machen!« (1840ff.).

Die Tragik, die Tasso erst am Schluß erleidet, hat sich an der Prinzessin schon hier erfüllt. »Der Tragödie des Dichters ist die Tragödie der Prinzessin zugeordnet und verstärkt die Intensität des tragischen Weltaspekts, der sich im ›Tasso‹ formt. Was die Prinzessin erfährt, ist die ›Disproportion‹ der Liebe mit dem Leben. Sie löst diesen Zwiespalt durch Entsagung, während ihm Tasso gewaltsam zu entgehen sucht« (Rasch S. 153).

Erklärungen:
Unsrer Mutter (V.1792): Die Mutter der Prinzessin, Renata, war eine Tochter Ludwigs XII. von Frankreich. Sie hatte Calvin nach Ferrara geholt und sich dem Calvinismus zugewandt. Deshalb wurde ihr das Recht der Erziehung ihrer Kinder entzogen, und sie selbst wurde vom Hofe verbannt.

Dritter Auftritt. Leonore allein.

Der Monolog enthüllt die wahren Absichten der Gräfin. Zwar hat sie Mitleid mit der Prinzessin (V.1914ff.), und sie fragt sich auch, ob es redlich sei, so zu handeln (V.1921). Ihr Egoismus aber ist stärker:»Du mußt ihn haben« (V.1953). Sie entschuldigt sich vor sich selbst damit, daß sie Tasso ja schließlich wieder nach Ferrara zurückbringen wolle (V.1964) und daß die Leidenschaft der Prinzessin nur schwach und resignativ sei »wie der stille Schein des Monds« (V.1956).

Warum aber will die Gräfin den Dichter für sich gewinnen, sie, die doch mit allen Gütern der Erde gesegnet ist? Verliebtheit mag im Spiele sein (V. 1925), aber sie ist nicht entscheidend. Sie wünscht den Ruhm in der Nachwelt, den nur ein Dichter schenken kann (V. 1934 ff.). Wie für Antonio, so ist auch für sie die Dichtung nur eine Dienerin. Eigenleben und Autonomie vermag auch die kunstsinnige Gräfin in ihr nicht zu erkennen.

Erklärungen:
  Laura (V. 1937): die von Petrarca besungene Geliebte. – Die unbekannte Schöne (V. 1940): Der Name der Geliebten wird von Petrarca in seiner Dichtung nicht genannt.

Vierter Auftritt. Leonore. Antonio. / *Fünfter Auftritt.* Leonore allein.

Leonore verfolgt ihr Ziel, Tasso aus Ferrara zu entfernen und ganz für sich zu gewinnen, weiter. Sie möchte nun auch Antonios Zustimmung und Unterstützung gewinnen und hofft, Antonio bei dessen Groll gegen Tasso leicht für ihre Absichten einspannen zu können.

Antonio hat sich inzwischen beruhigt; er erklärt selbst seine Verärgerung und deren Ausbruch gegen Tasso mit psychologischen Gründen: »Es ist gefährlich, wenn man allzu lang / Sich klug und mäßig zeigen muß« (V. 1975f.). »Mit fremden Menschen nimmt man sich zusammen, / . . . Allein bei Freunden läßt man sich frei gehn« (V. 1986ff.). »Etwas Menschliches« (V. 2004) habe er »im Busen« gefühlt, als er Tasso, den »Müßiggänger«, so geehrt gesehen habe. Den »Lorbeer« und »die Gunst der Frauen« (V. 2020) sei mit einem solchen Manne zu teilen er nicht bereit.

Einer Entfernung Tassos vom Hofe will Antonio nicht zustimmen. »Es könnte scheinen, daß ich ihn vertreibe, / Und ich vertreib' ihn nicht« (V. 2155). Auch weiß er, daß Alphons den Dichter am Hofe zu behalten wünscht: »Er / Ist unserem Fürsten wert. Er muß uns bleiben« (V. 2165f.). Ja, er bittet die Gräfin sogar um Vermittlung für eine Versöhnung. So ist Leonore recht enttäuscht: »Mein Vorteil und der deine gehen heut / Nicht Hand in Hand« (V. 2186f.), und sie will nun versuchen, auf Tasso unmittelbar Einfluß zu nehmen.

Soweit das »äußere« Geschehen. Den eigentlichen Gehalt der Szenen bildet jedoch die von Antonio und von der Gräfin ausgesprochene Auffassung von der *Irrealität der Kunst und der künstlerischen Existenz.* Diese wird hier eindeutiger und kompromißloser zum Ausdruck gebracht als irgendwo sonst im Drama. Für die Gräfin ist die Dichtung etwas,

>   »Das in den Lüften schwebt, in Tönen nur,
>   in leichten Bildern unsern Geist umgaukelt . . .« (V. 2026f.);

der Lorbeer ist ein »unfruchtbarer Zweig« (V. 2032), ja »ein Phantom von Gunst und Ehre« (V. 2047f.). Die Poesie wird zum unverbindlichen gesellschaftlichen

Spiel entwertet. Wenigstens aber weiß die Gräfin, daß Künstlertum mit Leiden verbunden ist; sie vergleicht den *Lorbeerkranz* mit dem *Nimbus des Märtyrers:*

> »......... Du mißgönnst
> Dem Bild des Märtyrers den goldnen Schein
> Ums kahle Haupt wohl schwerlich; und gewiß,
> Der Lorbeerkranz ist, wo er dir erscheint,
> Ein Zeichen mehr des Leidens als des Glücks« (V. 2035 ff.).

Antonio schätzt auch jetzt die Dichterexistenz keineswegs höher. Die Versöhsöhnung, die er herbeiführen will, kann nur eine äußerliche sein, eine Wiederherstellung des gesellschaftlichen Umgangs. Er betrachtet Tasso als einen Knaben (V. 2089), dem der Ernst männlicher Reife fehle. Er tadelt aber vor allem an ihm, daß er das Ganze,»die letzten Enden aller Dinge« auf einmal,»in einem Augenblick« ergreifen wolle (V. 2129 ff.). Ein solches Ergreifenwollen des Ganzen, das für Goethe, jedenfalls für den jüngeren Goethe, das Wesen der dichterischen Existenz ausmacht, wird von dem nüchtern denkenden Weltmann als eine Forderung des Unmöglichen hingestellt.

Josef Kunz (S. 461) hat zu dieser Stelle darauf hingewiesen, wie sehr das Problem des »Tasso« mit dem des »Faust« verwandt ist.

Vierter Aufzug

Erster Auftritt. Tasso allein.

Tasso ist sich inzwischen dessen bewußt geworden, daß seine Hoffnung, gleichberechtigt und mit gleicher gesellschaftlicher Bedeutung neben den »Helden«, den handelnden Weltmann, treten zu können, sich in ein Nichts verflüchtigt hat. Er hat erkannt, daß diese Wunschvorstellung nur ein »Traum«,»ein schöner Tag« gewesen ist (V. 2189 f.).

Die bange Furcht ergreift den Dichter, daß ihm nunmehr der Boden entzogen sei – der Boden gesellschaftlicher Anerkennung und einer Anerkennung als Mensch in der Wirklichkeit – die Angst vor erneuter Heimatlosigkeit:

> »......... Ja, nun ist's getan!
> Es geht die Sonne mir der schönsten Gunst
> Auf einmal unter; seinen holden Blick
> Entziehet mir der Fürst und läßt mich hier
> Auf düstrem, schmalem Pfad verloren stehn.
> Das häßliche zweideutige Geflügel,
> Das leidige Gefolg der alten Nacht,
> Es schwärmt hervor und schwirrt mir um das Haupt.
> Wohin, wohin beweg' ich meinen Schritt,
> Dem Ekel zu entfliehn, der mich umsaust,
> Dem Abgrund zu entgehn, der vor mir liegt?« (V. 2230 ff.).

Aus dieser Erkenntnis seines Scheiterns in der Wirklichkeit flieht Tasso nun in eine andere Vorstellung von der Erfüllung seines Menschseins: in die Hoffnung einer Verbundenheit mit der Prinzessin. Diese Verbundenheit, so glaubt er, könne ihm nicht »die Zeit, das Schicksal, noch das wilde Glück« rauben (V. 2218); sie ist also in seiner Vorstellung den Mächten der geschichtlichen Wirklichkeit enthoben. »Ist ihm die Einung mit der Welt der Tat und des Heldentums versperrt, so könnte ihn die Liebe der Prinzessin von jener Isoliertheit erlösen, die das tiefste Leid seines Lebens ausmacht« (Josef Kunz S. 462).

Zweiter Auftritt. Leonore. Tasso. / *Dritter Auftritt*. Tasso allein.

Leonore versucht nunmehr, Tasso selbst zu Übersiedlung nach Florenz zu überreden. Bevor sie ihre eigentlichen Absichten offenbart, spart sie nicht an Schmeicheleien (V. 2241 ff.). Sobald sie im Laufe des Gespräches bemerkt hat, wie unversöhnlich der Dichter Antonio gegenüber ist, enthüllt sie ihren Plan. Zuerst fordert sie Tasso auf, den Hof von Ferrara zu verlassen (V. 2353 ff.). Als er, ohne die wahren Absichten der Gräfin zu durchschauen, resignierend eingewilligt hat (V. 2398 ff.), gibt sie ihm den Rat, nach Florenz zu gehen; dort wolle sie für ihn sorgen (V. 2414 ff.). Tasso bittet sich Bedenkzeit aus (V. 2429). Er fragt Leonore noch danach, wie die Prinzessin jetzt gegen ihn gesonnen sei (V. 2434); muß er doch nicht ohne Grund fürchten, daß diese ihm ihr Wohlwollen entzogen hat, da sie ihm »in diesen trüben Stunden ... kein einzig Zeichen ihrer Gunst« gesandt hat (IV, 5; V. 2794 f.). Die Gräfin deutet ein Einverständnis der Fürstin mit Tassos Weggang aus Ferrara an (V. 2437).

Sie treibt also zunächst ihr Intrigenspiel nicht ohne Erfolg voran. Darin erschöpft sich aber die Bedeutung der Szene nicht. Sie zeigt vielmehr, daß *Tasso* sich in immer stärkerem Maße seines *Scheiterns* in der realen Welt bewußt wird. Er erkennt die tiefe Wesensverschiedenheit, die ihn von Antonio trennt, und er glaubt, der Diplomat neide ihm nicht nur seinen Erfolg als Dichter, seine Stellung in der Gesellschaft, die Gunst der Frauen, sondern er gönne ihm auch das von der Natur verliehene künstlerische Talent nicht (V. 2318 ff.). Überhaupt habe Antonio nicht begriffen, daß die Quelle echter Dichtung das Naturtalent sei; er (der offensichtlich auch sich in der Dichtung versucht) meine, er könne »mit steifem Sinn die Gunst der Musen ... ertrotzen« (V. 2330). Auch der Herzog nehme ihn nicht ernst und betrachte ihn als ein unnützes Mitglied des Hofes (V. 2368 ff.).

So öffnet sich vor den Augen Tassos der Abgrund, der Poesie und Welt, Held und Dichter trennt, mit immer schärferen Konturen. Die Erkenntnis, daß er an der wirklichen Welt nicht mehr teilhabe, zerstört auch den Kern seiner Persönlichkeit. »Ich bin nicht mehr ich selbst«, sagt Tasso (V. 2254). Verlust der Welt bedeutet für ihn auch Verlust des Selbstseins.

Dadurch gerät er auch der Wirklichkeit gegenüber in eine immer verkrampftere Haltung, wie sein Monolog IV, 3 zeigt. Er glaubt nun, alle Welt schmiede Pläne, ihn zu vernichten; ja, er schließt sogar die Prinzessin in seinen Argwohn mit ein (V. 2536). Dazu hat er freilich insofern einen gewissen Grund, als Leonore ihm angedeutet hat, daß auch die Prinzessin ihn gern entließe, wenn es zu seinem Wohl gereichte.

Die *Maßlosigkeit* Tassos in seinem Argwohn und seinem Mißtrauen ist nicht nur psychologisch zu deuten. Sie ist die notwendige Reaktion des Künstlers in einer Welt, die seinen Autonomieanspruch nicht anerkennt, sondern ihn verneint. Tassos Weg in die Katastrophe fällt immer steiler ab.

Vierter Auftritt. Antonio. Tasso. / *Fünfter Auftritt*. Tasso allein.

Die beiden Szenen führen Tasso immer tiefer in seinen Wahn und in seine Verblendung hinein, während Antonio sich wieder völlig gefangen hat. Er befreit den Dichter im Auftrage des Herzogs mit freundlichen Worten aus seiner Haft, und er zögert nicht, sich für sein Verhalten zu entschuldigen (V. 2557 ff.). Er bietet ihm seine Hilfe, seinen Rat an: »Sage mir, / Kann ich dir nützlich sein? Ich zeig' es gern« (V. 2583 f.).

Tasso bittet Antonio, beim Fürsten für ihn Urlaub zu erwirken. Er wolle nach Rom reisen, um sein Gedicht seinen Freunden zur Beurteilung vorzulegen (V. 2589 ff.). Antonio rät ihm, jetzt Ferrara nicht zu verlassen:

> »Mir scheint nicht rätlich, daß du dich entfernst
> In dem Moment, da dein vollendet Werk
> Dem Fürsten und der Fürstin dich empfiehlt.
> Ein Tag der Gunst ist wie ein Tag der Ernte;
> Man muß geschäftig sein, sobald sie reift.
> Entfernst du dich, so wirst du nichts gewinnen,
> Vielleicht verlieren, was du schon gewannst.
> Die Gegenwart ist eine mächt'ge Göttin;
> Lern' ihren Einfluß kennen, bleibe hier!« (V. 2606 ff.).

Es gibt keinen Grund anzunehmen, daß Antonio seine Worte nicht ehrlich meint, daß er nicht aufrichtig bereit ist, Tasso richtig zu raten.

Es zeigt sich aber auch hier wieder, wie er die Poesie einschätzt. Er betrachtet sie als ein Mittel für Tasso, seine gesellschaftliche Stellung zu stärken. Diese Einschätzung ist nüchtern und sachlich, da es dem Dichter unter den gesellschaftlichen Verhältnissen seiner Zeit darauf ankommen muß, in der adligen Gesellschaft Fuß zu fassen und ihre Anerkennung und Unterstützung zu erwerben. Ohne die Gesellschaft ist der Dichter nichts, weder in seiner materiellen noch in seiner geistigen Existenz.

Tasso in seiner *Verblendung* mißversteht Antonio gründlich. Er spricht von der »Tyrannei der Freundschaft« (V. 2681 f.), und er besteht gegen Antonios Rat darauf, abreisen zu dürfen.

Der Monolog Tassos (5. Auftritt) zeigt, wie weit er sich in seinen Wahn, er werde von aller Welt verfolgt, verstrickt hat. Er glaubt »die ganze Kunst des höfischen Gewebes« (V. 2749) zu durchschauen. Er sieht überall nur Hinterlist und Verstellung, und er will sich nun selbst verstellen (V. 2744). Nicht nur gegen Antonio, sondern auch gegen Alphons, ja gegen die Prinzessin richtet sich sein Argwohn:

> »Ja klage nur das bittre Schicksal an
> Und wiederhole nur: auch sie! auch sie!« (V. 2828 f.).

Erklärungen:
»Die Dichter sagen uns von einem Speer . . .« (V. 2576 ff.): Anspielung auf die griechische Sage von König Telephos, der durch den Speer des Achill verwundet wurde; nur durch Berührung mit dem Rost dieses Speers konnte die Wunde geheilt werden. – Gonzaga (V. 2654): Scipio Gonzaga (vgl. V, 1; V. 2841). Das Haus Gonzaga herrschte in Mantua und war durch sein Mäzenatentum bekannt. – Flaminio de' Nobili . . . (V. 2657 ff.): Namen italienischer Dichter und Kritiker.

Fünfter Aufzug

Erster Auftritt. Alphons. Antonio.

Antonio trägt dem Herzog den Wunsch Tassos, Urlaub nach Rom nehmen zu dürfen, vor, und dieser gewährt ihn, wenn auch nicht ohne Verärgerung.

Auch in dieser Szene geht es um mehr als um den Fortgang der äußeren Handlung. In dem langen Gespräch zwischen Alphons und Antonio wird erneut die Stellung der höfischen Gesellschaft dem Künstler Tasso, der Kunst überhaupt und dem Geist gegenüber deutlich.

Antonio beschwert sich über die *Maßlosigkeit,* die sich immer wieder in Tassos Charakter zeigte: Unmäßigkeit im Essen und Trinken (V. 2884 ff.), Unbeherrschtheit im Ausdruck körperlichen Leidens (V. 2895 ff.), Hemmungslosigkeit im Mißtrauen und in Verdächtigungen anderer Menschen (V. 2921 ff.). »Es ist gewiß ein ungemäßigt Leben!« (V. 2918) ruft Antonio aus.

Antonio mißt Tassos Charakter an Maßstäben, die sich echte gesellschaftliche Eliten in der Geschichte immer wieder gegeben haben. Selbstbeherrschung, sophrosyne, continentia, mâze sind die zentrale Tugend jeder Ethik gewesen, die den Menschen als animal rationale betrachtet hat. Sie ist Kernstück der Ethik der klassischen griechischen und der hellenistischen Philosophie ebenso wie der des mittelalterlichen Rittertums. Aus beiden Quellen dürfte die Ethik des italienischen Renaissance-Adels schöpfen.

Die Frage aber ist, ob an diesen Maßstäben der Dichter Tasso gemessen werden kann. Auf jeden Fall ist Antonios Kritik verständnislos und lieblos. Er hat kein Gefühl dafür, daß dem Menschen, dem die Natur die Gnade des großen Talents hat zuteil werden lassen, auch die Last besonderer Empfindsamkeit und übermäßiger Leidensfähigkeit aufgebürdet ist. Es ist für ihn selbstverständlich, daß auch der Künstler sich ganz in die ethische Ordnung der Gesellschaft, die ihn aufgenommen hat und ihn unterhält, einzufügen hat.

Ein Problem ist es ferner, ob an die Haltung des Künstlers in dieser geschichtlichen Situation nicht überhaupt zu hohe Forderungen gestellt werden. Die Gesellschaft erweist sich als völlig autonom; die Kunst erscheint als schönes Ornament des gesellschaftlichen Lebens. Bei allem Sinn für Schönheit und Kunst, ja bei aller ästhetischer Lebensgestaltung fehlt das letzte Verständnis für die Unbedingtheit der Kunst und des künstlerischen Wollens. »Zwar möchte sie (die Gesellschaft – H. K.) die Kunst nicht entbehren, ... aber nicht, um dem Geist irgendwelche Vollmacht zuzugestehen, sondern allein, um sich einen Schein der Transzendenz zu erborgen und damit die radikale Diesseitigkeit zu verbergen« (Josef Kunz S. 465).

Daher vermag auch der Künstler »nicht mehr in dem Maße in Würde den Anspruch zu verwirklichen, wie es in Zeiten möglich war, in denen die Verwirklichung noch institutionell und durch die Formung einer langen Tradition gesichert war. Von dieser geschichtlichen Voraussetzung her sind die pathologischen Züge Tassos zu verstehen, auf die Antonio gerade in dieser Szene ungeduldig und im letzten ohne Verständnis hinweist« (J. Kunz a.a.O.) »Die ältere Tasso-Interpretation hat sich viel zu stark auf diese Äußerungen Antonios gestützt und wesentlich aus ihnen ihr Bild Tassos zusammengesetzt, in der irrigen Meinung, Goethe habe durch sie Tasso recht handgreiflich ›charakterisieren‹ wollen. Damit wird die Struktur der dramatischen Dichtung, die Formgesetzlichkeit ihrer Sprechweise verkannt. Das Wesen einer dramatischen Figur drückt sich in dem aus, was sie selber sagt und tut. Was Antonio über Tasso sagt, das charakterisiert in erster Linie ihn selbst, seine Denkweise, sein Verhältnis und Verhalten zu Tasso. Weiterhin sind alle diese Äußerungen künstlerisch notwendig, um eine genaue Rechtfertigung für Tassos Mißtrauen gegen Antonio zu geben und auch die Übertreibungen dieses Mißtrauens, die Irrtümer Tassos erkennbar zu machen. Für das Bild von Tassos wirklichem Wesen sind diese Aussagen zwar nicht ganz ohne Belang, doch als subjektive Urteile eines verständnislosen Gegners von sehr mittelbarer Bedeutung« (Wolfdietrich Rasch S. 136).

Die Einschätzung des Dichters durch die Gesellschaft kommt auch in den Worten des *Herzogs* unverblümt zum Ausdruck. Er will als Landesherr den besten Dichter »besitzen«, »benutzen« (V. 2845) und gönnt ihn nicht anderen Fürsten und ihren Höfen. Freilich darf nicht übersehen werden, daß er nicht einen unmittelbaren Nutzen aus der Dichtung ziehen will:

> »Du hättest recht, Antonio, wenn in ihm
> Ich meinen nächsten Vorteil suchen wollte.
> Zwar ist es schon mein Vorteil, daß ich nicht
> Den Nutzen grad und unbedingt erwarte.
> Nicht alles dienet uns auf gleiche Weise;
> Wer vieles brauchen will, gebrauchet jedes
> In seiner Art, so ist er wohl bedient« (V. 2935ff.).

Der Herzog gesteht der Kunst und dem Künstler noch ein gewisses Eigenrecht, eine gewisse Selbständigkeit zu; hierbei erweist es sich, daß er von etwas höherem geistigen Range ist als Antonio. In diesem Sinne dürften auch seine Worte zu verstehen sein:

> »Und wer der Dichtkunst Stimme nicht vernimmt,
> Ist ein Barbar, er sei auch, wer er sei« (V. 2848 f.).

33

Erklärungen:
»Der kluge Medicis« (V. 2842): Es ist Kardinal Fernando dei Medici gemeint.

Zweiter Auftritt. Alphons. Tasso. / *Dritter Auftritt.* Tasso allein.

Tasso (»mit Zurückhaltung«) nimmt Abschied von Herzog Alphons. Er spricht bescheiden, fast demütig; er bedankt sich bei Alphons für die erwiesene Gnade. Aber Bescheidenheit, Demut und Dankbarkeit sind geheuchelt; das bekennt er selbst in seinem Monolog (dritter Auftritt). So weit ist es mit Tasso gekommen, daß er auch in den freundlichen und verständnisvollen Worten des Herzogs nur List und Intrige, nur die Stimme Antonios zu hören glaubt. So groß ist seine *Verblendung* geworden, daß er nun seine Absicht, sich zu verstellen, zu heucheln, wahr macht.

Nur an einer einzigen Stelle ist er offen und aufrichtig: dort, wo er von dem eigenen *dämonischen Zwang zu schaffen*, vom Schicksal seiner dichterischen Existenz spricht, im *Gleichnis vom Seidenwurm* (V. 3079ff.). Der Drang zu »sinnen oder dichten« ist die Substanz seines Lebens; er ist auch (»bis er in seinen Sarg sich eingeschlossen«, V. 3087) der Weg zu seinem Tode, zum tragischen Untergang. So erscheint in den Worten Tassos seine künstlerische Existenz als ein Leben in der Nähe des Todes, als ein tragisches Schreiten zum Untergang hin. Nicht Tassos besondere Situation ist es, nicht seine psychologische Individualität, die ihn untergehen läßt. Als Künstler in dieser Welt ist er zum Scheitern verurteilt, wenn auch nicht ohne Hoffnung auf eine reine, außerirdische Existenz (»im reinen Sonnental«, V. 3090).

Alphons' Worte in dem Gespräch sind freundlich und voller Verständnis und Anteilnahme. Erneut erweist sich der hohe menschliche Rang des Herzogs, der in seiner charakterlichen Substanz mehr ist als ein Exponent seiner Welt und seiner Gesellschaft. Er überragt diese entschieden. Seine Worte, die er an Tasso richtet, verraten nicht nur warmes Mitgefühl mit dem Menschen Tasso, sondern auch ein gewisses Verständnis für sein Dichtertum. Er erkennt auch die existenziellen Gefahren, die dem Dichter drohen:

> »Dich führt alles, was du sinnst und treibst,
> Tief in dich selbst. Es liegt um uns herum
> Gar mancher Abgrund, den das Schicksal grub;
> Doch hier in unserm Herzen ist der tiefste,
> Und reizend ist es, sich hinabzustürzen.
> Ich bitte dich, entreiße dich dir selbst!
> Der Mensch gewinnt, was der Poet verliert« (V. 3072ff.).

Der Zusammenhang, in dem Alphons diese letzten Worte spricht, dürfte es verbieten, sie als eine Abwertung des Dichters anzusehen, etwa in dem Sinne, daß der Dichter, je mehr er nur Dichter sei, an menschlicher Substanz verlieren müsse, weil diese sich erst am Menschen in der Gesellschaft offenbare. Eine solche Deutung würde die Interpretation Korffs nahelegen.

Allerdings ist der Herzog der Ansicht, daß die totale Verinnerlichung nicht nur eine Gefahr für den Menschen, sondern daß sie eine, wenn auch großartige, Einseitigkeit sei. Die Idee des Menschen aber, und das gilt besonders für das Menschenbild der Renaissance, ist die einer abgerundeten, harmonischen Persönlichkeit, die nicht nur in sich selbst ihr Zentrum hat, sondern sich auch der Welt hingibt – die nicht nur die Konzentration der Innerlichkeit sucht, sondern auch sich in der »freien Welt« zu »zerstreuen« weiß:

>»Doch, guter Tasso, wenn es möglich wäre,
>So solltest du erst eine kurze Zeit
>Der freien Welt genießen, dich zerstreuen,
>Dein Blut durch eine Kur verbessern. Dir
>Gewährte dann die schönste Harmonie
>Der hergestellten Sinne, was du nun
>Im trüben Eifer nur vergebens suchst.« (V. 3055 ff.).

Vierter Auftritt. Prinzessin. Tasso. Gegen das Ende des Auftritts die übrigen.

Das vorangegangene Erleben hat in Tasso einen tiefen Pessimismus geweckt. So fürchtet er, er werde sein Gedicht nicht vollenden können, ja er glaubt, er habe überhaupt kein Glück (V. 3130 ff.); die Kunst werde ihn zugrunde richten (V. 3133). Er ist sich in dieser Stunde der Depression seiner Gefährdung durch sein Künstlertum in vollem Maße bewußt.

Über die handgreiflichen Gefahren seines Lebens freilich gibt er sich gefährlichen Fehlvorstellungen hin. So spricht er von seiner Absicht, Neapel, ja seine Heimatstadt Sorrent zu besuchen, die zu betreten, wie die Prinzessin voller Sorge um ihn einwirft, wegen des Bannes gegen seinen Vater er nicht wagen darf. Verkleidet als Pilger oder Schäfer will er »durch die Stadt schleichen«. Die Vorstellung beflügelt seine Phantasie, und in ihr baut sich ihm ein fast idyllisches Bild seiner Heimkehr auf (V. 3140 ff.). Es zeigt sich, wie stark in Tasso – und das gilt für den Künstler überhaupt – Wirklichkeit und Traumgebilde sich durchdringen; wie weit der Künstler seine eigene Lebenswirklichkeit mit seiner poetischen Phantasie gestaltet. Das erweist sich in dieser Szene noch ein zweites Mal: Er träumt sich hinein in die Möglichkeit, nun doch am Hofe von Ferrera zu bleiben, und er entwirft ein Leben in der Abgeschiedenheit des Schlosses Consandoli, ein Leben, das einbezogen und eingebettet ist in eine heile Umwelt und in eine heile Natur, die er bewahren und pflegen möchte (V. 3188 ff.).

Die *Prinzessin*, in Sorge um Tassos weiteres Schicksal, aber auch ratlos darüber, daß Tasso die Wirklichkeit völlig verkennt, läßt sich von ihrem Gefühl zu einem kaum noch verschleierten *Liebesbekenntnis* treiben:

»Ich finde keinen Rat in meinem Busen
Und finde keinen Trost für dich und – uns.
Mein Auge blickt umher, ob nicht ein Gott
Uns Hilfe reichen möchte? Möchte mir
Ein heilsam Kraut entdecken, einen Trank,
Der deinem Sinne Frieden brächte, Frieden uns.
Das treuste Wort, das von der Lippe fließt,
Das schönste Heilungsmittel wirkt nicht mehr.
Ich muß dich lassen, und verlassen kann
Mein Herz dich nicht« (V. 3212ff.).

Schon am Anfang ihrer Rede verrät sie sich durch die Pause, die Goethe durch
den Gedankenstrich bezeichnet:»... und finde keinen Trost für dich und –
uns«.»... für dich und mich« wollte sie sagen; aber ihre Stimme stockt, als sie
merkt, welches Bekenntnis damit ihrem Munde entflohen wäre, ein Bekenntnis
freilich, das sie nur wenige Verse weiter nicht mehr verbergen kann.

Anders interpretiert Gerhard Neumann (S. 81 f.):»Das ›und‹ ist trennend, der Bindestrich
besiegelt den Bruch. ›Uns‹ ist Hof und Gesellschaft, der Bereich der Prinzessin, trotz allem
und unwiderruflich: ›du‹ ist Tasso – allein. Die Sprache weiß schon hier, was sich erst
siebzig Verse später ereignen wird«.

In Tassos Stimmung vollzieht sich nunmehr ein gänzlicher Umschwung: Er
fühlt sich wieder geliebt, er schöpft neue Hoffnung, er entschließt sich zu bleiben.
Gerade das aber hat die Prinzessin keineswegs gewollt. Zwar ist ihre Liebe
echter Eros, zwar möchte sie ihn halten (»... verlassen kann mein Herz dich
nicht«) – aber gerade weil sie ihn liebt, muß sie es als eine Unumgänglichkeit
ansehen, daß er reist (»Ich muß dich lassen...«).»Nur die Intensität der Liebe,
die sie mit Tasso verbindet und die sich nicht mehr in die gesellschaftlichen
Grenzen einordnen läßt, macht es notwendig, daß er geht. Das hat sie im Gespräch mit der Gräfin erkannt. Selbstverständlich darf dieses Motiv nicht offen
als Anlaß von Tassos Weggang gelten, sondern der Schein muß gewahrt werden.
Die Prinzessin geht auf die Scheinmotive ein, wenn sie Tassos ratsuchende Frage
beantwortet mit der Mahnung, er möge Vertrauen zu den Freunden haben und
mit sich selbst in Übereinstimmung sich halten« (Rasch S. 158).
Die Prinzessin wünscht Tassos Weggang, gerade weil sie ihn liebt und ihre
Liebe als unerfüllbar erkennt. Tasso aber versteht sie nicht, und dieses sein
Nichtverstehen ist seine Schuld. Er fühlt sich geliebt und begreift nicht, daß er
sich nun gerade entfernen muß. Die Prinzessin entsagt; Tasso kann nicht entsagen. Eine Unterdrückung seiner Leidenschaft würde für ihn die Aufgabe
seiner selbst als Mensch bedeuten:

».......... Diese Leidenschaft
Gedacht' ich zu bekämpfen, stritt und stritt

Mit meinem tiefsten Sein, zerstörte frech
Mein eignes Selbst, dem du so ganz gehörst –« (V. 3261 ff.).

In diesem Drang, sich selbst zu verwirklichen, steigert er sich, die Prinzessin
mißverstehend und ihre Abwehr überspielend, immer mehr in rasende *Leiden-
schaftlichkeit* hinein: »Zärtlichkeit«, »Raserei«, »erhöhter Sinn«, »Gefühl«,
»Leidenschaft« sind die Worte, mit denen er dem Toben seines Herzens und
seiner Sinne Ausdruck verleiht (V. 3252 ff.). Er vergleicht sich mit einem Becher
Wein, »der schäumend wallt und brausend überschwillt« (V. 3268); er fühlt sich
»frei wie ein Gott« (V. 3273); er verliert die Gewalt über seine Sinne – und es kommt
zu der verhängnisvollen *Umarmung*, die seiner Hingabe an die Geliebte symbol-
haft Ausdruck verleiht.

»Die Umarmung der Prinzessin im hellen Licht des fürstlichen Gartens: das
ist nicht mehr poetisches Liebesspiel, das ist Wirklichkeit, unwiderruflich, unauf-
hebbar, folgenreich. Es muß sein Geschick bestimmen. An die schlimmen Folgen,
die drohen, an beschämende Zurückweisung, Reue, Bloßstellung, Verbannung
denkt er nicht, er vergißt sie im Augenblick wie einer, dem sie gleichgültig sind,
verglichen mit dem augenblicklichen, absoluten Wert der ganz gewissen, greifbaren Wirklichkeit der Liebe« (Rasch S. 161 f.).

Die Prinzessin kann nur mit einem »Hinweg!« antworten (V. 3284); hat doch
Tasso sie nicht nur mißverstanden, sondern sie durch die Umarmung vor den
Augen der übrigen, die »schon eine Weile«, »schon eine Zeitlang« (wie Goethe
in den Regieanweisungen bemerkt) sich im Hintergrund der Bühne befinden,
bloßgestellt. Sie sagt »Hinweg!«, nicht mehr. Das Wort bleibt vieldeutig. Tasso,
im selben Augenblick erkennend und bereuend, was er getan hat, sagt nur:
»O Gott!«

Eine andere Deutung der Stelle gibt *H. A. Korff* (S. 182): »Dieses ›Hinweg‹ der Prinzessin vernichtet freilich Tassos ganze sittliche Existenz. Es macht ihn nicht nur am Hofe
äußerlich unmöglich, sondern es *zernichtet auch sein ganzes Selbstgefühl.* Als ein Gerichteter bleibt er auf der Bühne zurück, der das Urteil über seine menschliche Minderwertigkeit aus dem Munde derjenigen erfahren hat, zu der er als seinem höchsten Ideal empor-
gesehen«.
Dazu bemerkt *Wolfdietrich Rasch* (S. 162): »Es ist eine ganz willkürliche, fehlgehende
Interpretation, das ›Hinweg!‹, mit dem die Prinzessin Tasso von sich stößt, als den Spruch
eines ›Richters‹ zu verstehen, der ›das Urteil über seine menschliche Minderwertigkeit‹
bedeutet und ›Tassos ganze sittliche Existenz vernichtet‹. Nichts dergleichen sagt die
Prinzessin; es müßte ganz anders lauten als dieses ›Hinweg!‹. Sie weist ihn ab, das ist alles,
und es ist das, was sie ihrem Wesen und der Situation nach tun muß . . . . Tasso umarmt
die Prinzessin nicht, weil die gesellschaftlichen Formen und Gesetze grundsätzlich keine
Geltung für ihn hätten. Sie gelten für ihn, ebenso wie etwa die religiösen Vorschriften
für den Gläubigen gelten, der sie in einer sündhaften Anfechtung verletzt, und obwohl er
sie verletzt. Schon Tassos Reue nach seinem Übergriff zeigt das. Er ist ein Schuldiger,
doch kein Rebell, seine Verfehlung ist Schwäche, nicht titanischer Trotz.«

Unter anderem Gesichtspunkt betrachtet *Lawrence Ryan* (S.

315) die Reaktion der Prinzessin:»Wenn die Prinzessin ihr ›Hinweg‹ ausstößt, so liegt die Schroffheit ihrer Reaktion auf die Zudringlichkeit Tassos doch wohl auch daran, daß sie selbst im Innersten getroffen ist, daß ihre arkadische Phantasiewelt das Eindringen einer härteren Wirklichkeit nicht erträgt und jetzt gleichsam zerschellt.« Auch *Liselotte Blumenthal* sieht in diesem Ende der Liebe der Prinzessin (wie in der»Aufhebung der reinen dichterischen Existenz«)»das Ende Arkadiens« (1 S. 5).

Fünfter Auftritt. Tasso. Antonio.

Der erste Teil der letzten Szene wird beherrscht von einer *Haßrede Tassos.* Dieser, in seinem Wahn, der sich nun, nachdem ihm vollends der Boden entzogen ist, noch gesteigert hat, schont keinen mehr: nicht den Herzog, den er einen Tyrannen nennt (V. 3304); nicht Antonio, das»Werkzeug des Tyrannen« (V. 3301); nicht die Prinzessin, als»Sirene« geschmäht (V. 3333); nicht Leonore, »die verschmitzte kleine Mittlerin« (V. 3352). Noch einmal erwähnt Tasso flüchtig die Bekränzung mit dem *Lorbeer;* sie erscheint ihm jetzt als *Schmuck des Opfertieres* vor dem Altar (V. 3313 f.).

Antonio zeigt sich nun, da Tasso als ein Vernichteter vor ihm steht, in echter Weise erschüttert, und er bietet ihm seine Hilfe an:

> »Ich werde dich in dieser Not nicht lassen;
> Und wenn es dir an Fassung ganz gebricht,
> So soll mir's an Geduld gewiß nicht fehlen« (V. 3377 ff.).

Er ist vom Schicksal des Dichters gerührt (»Laß eines Mannes Stimme dich erinnern, / Der neben dir nicht ohne Rührung steht!«, V. 3403 f.). Er fordert ihn auf, wieder Selbstbewußtsein zu gewinnen:

> »Und wenn du ganz dich zu verlieren scheinst,
> Vergleiche dich! Erkenne, was du bist!« (V. 3419 f.).

Was hat diesen plötzlichen Umschwung in Antonio bewirkt? Warum tritt er dem»Müßiggänger« jetzt so ganz anders entgegen? Tasso befindet sich nunmehr in einer Lage, in der er *nur noch Mensch* ist. Er hat sich als Mensch gezeigt, gerade in seinem schwächsten Augenblick, in dem er der Prinzessin in die Arme fiel. So hat sich nur ein Mensch verhalten können, der im Banne echter Leidenschaft steht. Antonio hatte mit einer solchen ernsten Liebe nicht gerechnet; er hatte in allem nur die eitle Pose eines selbstgefälligen Poeten gesehen. Von der Echtheit seines menschlichen Gefühls ist Antonio gerührt und erschüttert; nun ahnt er etwas vom Schicksal des Dichters.

Durch die veränderte Haltung Antonios geht auch in Tasso ein Wandel vor: sein Wahn schwindet und macht mehr und mehr einer gelösten Sicht seiner Lage Platz. Er erkennt nun nüchterner seine Situation, seine Isolierung, sein Ausgestoßensein aus der Gesellschaft. Er begreift auch seine eigene Schuld an dieser seiner Situation (»... ich habe mich selbst verbannt...«, V. 3399f.). Der tiefste Abgrund seines Leidens tut sich vor ihm auf, als er erkennen muß, daß er ein »Nichts« geworden ist (V. 3407ff.); die Stimme erstickt ihm, der Vers verliert sein Gleichmaß.

In der tiefsten Not aber besinnt Tasso sich auf die Gabe, die ihm die Natur verliehen hat, die *Dichtung*. Sie kann ihn zwar nicht seiner tragischen Situation entheben, aber sie gibt ihm die tröstende und heilende Kraft, seine Welt und sein Leiden zu gestalten:

> ».......... Nur eines bleibt:
> Die Träne hat uns die Natur verliehen,
> Den Schrei des Schmerzens, wenn der Mann zuletzt
> Es nicht mehr trägt – Und mir noch über alles –
> Sie ließ im Schmerz mir Melodie und Rede,
> Die tiefste Fülle meiner Not zu klagen:
> Und wenn der Mensch in seiner Qual verstummt,
> Gab mir ein Gott, zu sagen, wie ich leide« (V. 3426ff.).

Die Gabe der Dichtung verleiht ihm nun auch die Fähigkeit, sein Leiden in ein Gleichnis zu formen: das *Gleichnis von Fels und Welle* (V. 3434ff.).

Mit dem Gegner Antonio ist er versöhnt (»O edler Mann!«). Er vergleicht ihn mit dem Fels im aufgewühlten Meer und sich selbst mit der sturmbewegten Welle. Die Wesen beider, seines und das Antonios, sieht Tasso nunmehr als grundverschieden an, ja als antagonistisch – aber dennoch als gleichursprünglich. Beide sind Schöpfungen der Natur:

> ».......... Die mächtige Natur,
> Die diesen Felsen gründete, hat auch
> Der Welle die Beweglichkeit gegeben« (V. 3437ff.).

Die Welle, ganz anderen Wesens freilich, ist ebenso ein Teil der Natur wie der Fels. Unzerstörbar ist sie wie der Fels, aber sie »beugt sich« auch »schäumend über«; sie überschlägt sich, sie stürzt in sich zusammen, sie verliert ihr Gleichmaß.

Hier geht Goethe plötzlich zu einem anderen Bild über: Tasso vergleicht sich mit dem schiffbrüchigen Seemann, der sich an dem Felsen, der ihn zu vernichten drohte, festhält:

> »So klammert sich der Schiffer endlich noch
> Am Felsen fest, an dem er scheitern sollte« (V. 3452f.).

Der *Bruch im Gleichnis* überrascht. Wolfdietrich Rasch (S. 178f.) versucht, ihn zu deuten: »Dieser Bruch und Symbolsprung ist nicht etwa ein künstlerisches Versagen, sondern hat im Gegenteil ein Höchstmaß an Ausdruckskraft.... Die

Unmöglichkeit, im Gleichnis von Fels und Welle das Schicksal Tassos in der Welt auszudrücken, erhellt den Sinn dieses Gleichnisses. Es gilt für den naturhaften Zustand, die ursprüngliche Seinsordnung, in der Held und Dichter, verschieden geartet wie Fels und Welle, doch wie diese Elemente gleichgeordnet miteinander bestehen. Das Gleichnis trifft also die urbildliche, in Tassos innerer Vorstellung lebendige Daseinsform des Handelnden und des Dichters. Ihr untragisches Verhältnis kennzeichnet die Harmonie jenes Weltzustandes, der in mythischer Frühzeit verwirklicht scheint, im Goldenen Zeitalter oder – in Tassos Sicht – auch in der alten Zeit der ›Heroen und Poeten‹. Der Bruch in der Bildersprache von Tassos letzter Rede weist auf den Riß, der durch die Welt geht. Die letzten zwanzig Verse des Dramas mit ihrem Symbolsprung spiegeln noch einmal auf kleinstem Raum das ganze bedeutungsreiche Geschehen des tragischen Spiels. Der Bruch in ihrer Mitte bezeichnet die Disproportion zwischen Urzustand und später gesellschaftlicher Wirklichkeit, zwischen Elysium und Erdendasein, Alexander und Antonio, Homer und Tasso, Arkadien und Ferrara, auch zwischen dem heiligen Symbol des Dichterlorbeers und dem Zeichen höfischer Gunst, zwischen dem ›Urbild jeder Schöne‹ und der wirklichen Prinzessin in ihrer gesellschaftlichen Gebundenheit. Er bezeichnet auch den Gegensatz zwischen dem Bekränzten und dem Gescheiterten, dem naiven und dem bewußt gewordenen Tasso«.

Auch andere Interpreten haben sich mit der Auslegung des Schlußbildes befaßt und gelangen, bei unterschiedlichem Blickwinkel, teils zu ähnlichen, teils zu andersartigen Deutungen. *Horst Nahler* (S. 296 f.) sieht in den Versen 3442–3444 (»In dieser Woge spiegelte so schön / Die Sonne sich, es ruhten die Gestirne / An dieser Brust, die zärtlich sich bewegte«) die Beschreibung einer »überwundene(n), objektive(n), gleichzeitig aber unpersönlich-naive(n) Einstellung zum dichterischen Schaffen«. »Diese Phase liegt gleichsam vor dem Beginn der Handlung. Dagegen konstituieren die folgenden Verse eine neue künstlerische Wirklichkeit, in der das dichterische Ich und sein Gegenstand nicht mehr zu trennen sind, weil sich in ihr die persönliche Gefährdung in der poetischen Gestalt objektiviert.« Tasso werde vom Hofpoeten zum *bürgerlichen Dichter*, vom naiven zum *sentimentalischen* Dichter im Sinne Schillers. – Auch *Ryan* betrachtet die Verse 3442–3444 als Darstellung einer nun verlorenen Form der Dichterexistenz: »Die Welle spiegelt die Sonne und die Gestirne, sie spiegelt also auch in ihrer zärtlichen Beweglichkeit eine festgefügte Ordnung, eine Totalität des Kosmos – darin gewinnt der dichterische Anspruch auf Totalität der Weltdarstellung einen abschließenden und erschöpfenden Ausdruck« (S. 311). Der Verschwinden des spiegelnden Glanzes (V. 3445; man beachte das nun gebrauchte Präsens!) sei »der Verlust der dichterischen Fähigkeit, eine Ganzheit der Welt widerzuspiegeln« a.a.O.). Damit aber gewinne Tasso das Bewußtsein, dem »Felsen« gegenüber nicht mehr gleichwertig, sondern ohnmächtig zu sein. Er verbleibe »in einer Stellung des Fast-Scheiterns, der Hilflosigkeit gegenüber der Härte des Lebens, der er nicht zu entrinnen vermag« (S. 312). Die »Qual«, das Leiden (V. 3432 f.) werde nunmehr Antrieb seines Dichtens; das tragische Scheitern des epischen, die Welt gestaltenden Dichters bringe den *lyrischen*, bekennenden Dichter hervor: »Aus Tasso ist gleichsam ein Goethe geworden« (a.a.O.). »In einem allgemeineren Sinne wird damit gesagt, daß aus dem Untergang des welthaften Dichtens einer älteren Epoche, das im Weitblick des Epos seine krönende Ausprägung fand, das ichhafte Dichten der neueren Zeit hervorgeht. In diesem Sinne handelt es sich in diesem Drama – wie schon angedeutet – um eine einmalige Wende in der Geschichte des Dichtertums, in deren Zeichen die neuere Dichtung – und wohl in besonderem Maße die Dichtung Goethes – steht« (S. 313). – *Neumann* sieht aus der Gefährdung des Dichters Tasso eine neue poetische Sichtweise entstehen, die in die naturhafte Polarität Festes/Bewegliches das dichterische Individuum einbindet: »Eine szenische Wirklichkeit (die Konfiguration Tasso – Antonio) wird in die Sprache transponiert (V. 3435–3437). Ein erstes Bild hebt sich ab, das der Natur, die Festes und Bewegliches – als Fels und Welle – umschließt und birgt. In diese Sphäre des Gleichgewichts drängt sich ein ichhaftes, gefährdendes Element, das die Welt nicht anders als im Reflex (V. 3442) ... zu fassen vermag. Eine Verwandlung bereitet sich vor (V. 3449), die nur gespiegelte Welt (auch die Vergangenheit gehört dazu: V. 3442–3444) zerbirst, zwei Pole konstituieren sich aufs neue, gesteigert (V. 3451). Die letzten zwei Zeilen schaffen, indem das ›Ich‹ der dritten Person Platz macht ..., einen Bezirk der objektiven Sicht, in der dennoch das menschliche Element erhalten bleibt: Vorher (V. 3437ff.) der bloß naturhafte Aspekt Fels – Welle; jetzt: Fels – Schiffer. Beidemal ist ein Doppelspiel von Festigkeit und Bewegung, von Beharrend-Gegründetem und Gefährdet-Ausgeliefertem. Aber zuerst waren es reine Naturkräfte, jetzt erscheint das Individuum in sie eingeordnet. Stufenweise gibt die Metamorphose eines Bildes Aufschluß über die sich wandelnde Konfiguration« (S. 151 f.).

Emil Staiger erörtert, was der Ausgang des »Tasso« für Goethe selbst bedeutet (S. 424 f.): »Jede Versöhnung dagegen, an die zu glauben man immer wieder versucht ist, liegt im Stück, sondern in der Persönlichkeit dessen, der es geschaffen hat, in Goethe, dem etwas von Tasso und von Antonio zu vereinigen beschieden war. Auch diese Vereinigung ist aber nicht so harmlos, kein so ganz reiner Gewinn, wie leicht behauptet wird. Wenn der Dichter sich in die Gemeinschaft einfügt, wenn er die Hypochondrie, die Befangenheit in sich selbst überwindet, wenn er sich mäßigt, wenn er gerecht wird, so müssen manche Provinzen seines poetischen Reiches verlorengehen. Er meidet die extremen Lagen; er hütet sich vor dem reizenden Abgrund des Herzens und aller Magie, die das Leben vergällt. Er mißt seinem Schaffen nicht mehr unbedingte, höchste Bedeutung zu und gibt damit jene Effekte preis, die nur die Selbstüberschätzung, verliebtes Kosen des Vokabulars erzielt. Vergleichen wir Goethe mit Hölderlin, Kleist, Jean Paul, Mörike oder mit jenen Lyrikern vom Ende des letzten Jahrhunderts, die insbesondere in Frankreich und England die Grenzen der Sprache erweitert haben, so können wir nicht übersehen, wie viel die Verurteilung Tassos bedeutet. Sie schließt aus Goethes künftigem Werk das Unerhört-Verführerische aus und läßt nur noch jene Bezauberung zu, die keinem Leser die Freiheit raubt. Damit aber wird das Verhältnis von Kunst und Leben neu geregelt. Daß die Kunst dem Leben durch Unterhaltung oder Belehrung diene, bedurfte für Lessing noch keines Beweises. Daß ihr das Leben dienstbar sei, ist ein Gedanke, der zum Begriff des Originalgenies gehört und aus dem Sturm und Drang verwandelt in die Romantik übergeht. Im ›Tasso‹, wo ein Versagen das als richtig Erkannte deutlicher einprägt als jedes Gelingen es vermöchte, ist eine Lösung vorgesehen, die keines gegen das andere zurücksetzt. Die Kunst verzichtet auf alles, was den Wert des Lebens herabmindern müßte. Das Leben läutert sich im Entsagen, im ›reinen‹ Wandel und Gang zur Kunst: ›Dichtung *und* Wahrheit‹ – nicht in wörtlicher, aber symbolischer Identität, im Sinne jener goldenen Zeit, mit der die Dichter uns schmeicheln, die unter Guten heute noch möglich ist.«

Erklärungen:
Armide (V. 3349): Zauberin in Tassos »Befreitem Jerusalem«.

Gedanken und Probleme

Zur Geschichte der Tasso-Interpretation

Goethes »Tasso« hat nie eine solche Außenwirkung entfaltet wie z. B. der »Faust«. Als Dichtung zu esoterisch, in seiner Problematik zu speziell, ist dieses Werk nicht in dem Maße Gegenstand oder Vehikel einer Ideologisierung geworden wie andere Werke Goethes. Dennoch bietet die Geschichte der Interpretation kein einheitliches Bild, und der Einfluß historisch bedingter Zeitströmungen auf das Verständnis des Werkes ist unverkennbar.

Die ältere Forschung geht davon aus, daß Tasso am Schluß des Schauspiels ein Gescheiterter und auch ein Gerichteter ist. Tasso wird der höfischen Gesellschaft und ihren Normen gegenüber ins Unrecht gesetzt. Der herausragendste Interpret dieser Richtung ist *Hermann August Korff*, der in der Gesellschaft die »Trägerin der Humanität« (S. 170) sieht, während der Künstler Tasso »das alte Ideal von Sturm und Drang, das Naturgenie« (S. 172) vertrete. In dem Konflikt zwischen dem Künstler und der Gesellschaft stehe Goethe jetzt eindeutig auf der Seite der Gesellschaft, in der sich Humanität erst verwirklichen lasse. »Daß das Genie sich beschränken muß, damit Humanität entstehe: das ist es, was wir in Tassos Schicksal tragisch ahnen und in Goethes Leben vor uns sehen« (S. 175). Tasso sei schuldig: »Diese Schuld zeigt sich äußerlich in Tassos Unfähigkeit zu gesellschaftlicher Kultur, aber sie besteht innerlich in der Eigenwilligkeit des Künstlers, der, auf seine Genialität pochend, sich gegen die Gesetzlichkeit der Welt verschließt ...« (S. 174).

Zum Problem »*Gesellschaft und Humanität*« führt *Korff* im einzelnen aus: »Auf die Probe höchster Humanität, die Probe einer edlen Gesellschaft, wird nun in Goethes Tasso der Dichter gestellt. Bezeichnet man das darin behandelte Thema im besonderen, so lautet es: der Dichter am Hofe. Verstehen wir es dagegen nach seiner tieferen und allgemeineren Bedeutung, so vertritt der Musenhof von Ferrara die Idee der Humanität, der Dichter aber das alte Ideal von Sturm und Drang, das Naturgenie. Und beide Ideale stehen zueinander in einem tragischen Widerstreit. Goethe hat das Motiv seiner Dichtung bekanntlich die ›*Disproportion des Talents mit dem Leben*‹ bezeichnet. Aber unter ›Leben‹ versteht er jetzt die sittliche Naturgesetzlichkeit des Lebens, verkörpert in dem Ideal einer gesitteten Gesellschaft. Und das dichterische Talent wird als eine Form des Lebens betrachtet, die mit dem gesellschaftlichen Leben und seiner Gesetzlichkeit in einem naturgemäßen Widerstreit liegt. Unschwer wird man darin das alte Thema der Sturm-und-Drang-Zeit wiedererkennen: den Kampf des freien Einzelnen, des Genies, mit der Welt und der Gesellschaft .... Denn was ihn zurückstößt, ist nicht die unzulängliche Welt, sondern sein eigenes Ideal, aus dessen Mund darum gleichsam die Stimme seines eigenen Gewissens tönt; und der Hof, von dem er ausgestoßen wird, ist in Wahrheit der Musenhof, der in Tassos eigenen Augen das Urteil der gebildeten Welt vertritt. Wenn Tasso am Ende der Tragödie niedersinkt, dann fühlt er, daß er unmöglich geworden ist, daß er trotz seines Dichtertums, das ihm die schönste Gunst der Menschen eingetragen hatte, die Prüfung als gesitteter und vernünftiger Mensch nicht bestanden hat, und es ist ihm nicht anders, als wenn er von oben her eine Stimme vernähme: damnatus est. Goethe aber läßt, wenn auch aufs tiefste erschüttert, der Gerechtigkeit freien Lauf, ohne den Vernichteten wieder aufzurichten. Denn seine Überzeugung gehört jetzt dem Vernünftig-Gesitteten, dem Gesetzlichen, nicht mehr dem Naturhaft-Überschwenglichen, dem Gesetzlosen. Tasso wird nicht allein von der Gesellschaft, sondern auch von Goethe selbst verurteilt, und sein Untergang erscheint als die unvermeidliche Folge seiner Schuld, die umso tragischer ist, als Tasso selbst sie nicht erkennt und sich darum als das unschuldige Opfer der Welt empfindet« (S. 172f.). »Man könnte sich zu dem Glauben verleiten lassen, daß Goethe mit der im Tasso dargestellten gesellschaftlichen Kultur inhaltlich nur zurückgekehrt sei zu dem Gesellschaftsideal des Rokoko, das er in seiner Jugend so bekämpfte. Und man könnte solche rückwärtsgerichtete Tendenz ganz allgemein schon darin erkennen wollen, daß Goethe auf die höfisch-gesellschaftlichen Ideale der Renaissance zurückgegriffen habe, die wir hier als Vorbild edler Gesittung anerkennen sollen. Aber die eigentliche kulturgeschichtliche Bedeutung der Tassodichtung liegt umgekehrt gerade darin, daß sie ein Bild höherer gesellschaftlicher Gesittung vor Augen stellt, das sich gleichermaßen weit von dem höfischen Ideal der feinen Rokokogesellschaft wie von dem Naturideal von Sturm und Drang entfernt: um nämlich aus beiden gleichsam ein höheres Drittes zu bilden und damit eine neue und schönere gesellschaftliche Kultur, die wir als den deutschen Beitrag zur höheren europäischen Kulturgeschichte betrachten dürfen. Gewiß scheint sich die gesellschaftliche Gesittung im Tasso äußerlich nicht allzusehr von den Formen zu unterscheiden, die die europäische Hofkultur des 18. Jahrhunderts hervorgebracht hat und die wir mit einem Worte als die vollendete Gesittung der ›Höflichkeit‹ bezeichnen können. Das gebildete Gespräch, in dem die ganze Tassodichtung besteht, der gesellschaftliche Anstand, gegen den zwar von den Personen der dramatischen Handlung verstoßen, der von den übrigen aber umso höher gehalten wird, die Noblesse der Gesinnung, die hier überall als etwas Selbstverständliches vorausgesetzt wird – alles dies ist gewiß das ideale Erbteil einer früheren Zeit, einer langen Kultur, die hier nur ihre letzte dichterische Verklärung erfährt. Aber diese Verklärung erfährt sie gerade durch ihre Vermählung mit jenem Geiste, den der junge Stürmer und Dränger mit nach Weimar gebracht hatte: den Geist der Freiheit, der Natur. Das Besondere nämlich, durch das sich der Geist des Goetheschen Ferrara von demjenigen der damaligen Hofkultur unterscheidet, ist die *Natürlichkeit und die Freiheit der Gesittung*, die ihre höchste Stufe eben erst dann erreicht, wenn sie den Schein vollkommener Freiheit und Natürlichkeit zurückgewonnen, jeden Schein von Gezwungenheit und Unnatur dagegen verloren hat . . .« (S. 171f.). »Natur und Kunst, die sich in Sturm und Drang zu fliehen scheinen, haben sich in der Klassik nach Goethes eigenen Worten ›gefunden‹. Und gerade diese edle Verbindung von Natur und Kultur erscheint hier als die höchste Ideal gesellschaftlicher Bildung . . .« (S. 172). »Goethe sieht den Idealzustand nicht mehr wie zuvor in dem reinen Naturleben Rousseaus, sondern in der höchsten Form sittlicher und geistiger Kultur. Und diese Kultur hat für ihn wesentlich gesellschaftlichen Charakter. Nicht mehr der einzelne ist sich selbst Gesetz, sondern höchste Gesetzlichkeit wird ihm erst im gesellschaftlichen Zusammenhange, im Einklang mit anderen gleichgestimmten Menschen zuteil. Es zielt keineswegs auf die Frage der Selbsterkenntnis allein, was Antonio dem stets nur mit sich selbst beschäftigten und in sich eingeschlossenen Tasso entgegenhält: ›Der Mensch erkennt sich nur im Menschen, nur / das Leben lehret jeden, was er sei.‹ Es gehört vielmehr zur allgemeinen Grundidee der Dichtung, daß sich *wahre Humanität erst im Umgange mit Menschen* wahrhaft zeige und entwickle und daß deshalb die Gesellschaft auch der wahre Prüfstein für die Humanität des Menschen sei. ... Die Gesellschaft erscheint ... als Trägerin der Humanität. An ihr entwickelt sich der individualistisch-ungebändigte Naturmensch zur Geselligkeit, d.h. zur Fähigkeit, mit der Welt in Einklang zu leben. Und mit der gesitteten Gesellschaft harmonieren hat zugleich die tiefere Bedeutung einer inneren Übereinstimmung mit der allgemeinen Ordnung und Vernunft der Welt. Die Gesellschaft ist hier die Stellvertreterin der höheren Naturgesetzlichkeit, der Humanität. Der Mensch, der mit der gebildeten Gesellschaft zu leben weiß, hat das allgemeine Gesetz der Gattung in sich aufgenommen, er hat sich zu jener höheren Form des Menschentums entwickelt, die seine wahre menschliche Aufgabe ist« (S.169f.).

Ähnlich hatte vorher schon *Friedrich Gundolf* den »Tasso« interpretiert. Tasso sei das Sinnbild für »die Möglichkeit eines Untergangs der titanischen leidenschaftlichen Kräfte beim Zusammenstoß mit der gesetzlichen Wirklichkeit« (S. 323); es sei »Tassos Untergang ein Sieg des Gesetzes« (S. 324). »Und wie in der Prometheus-, Götz- und Werther-Zeit von vornherein eines feststand, daß die Selbstigkeit ... triumphiere, sei es durch Sieg oder durch Tod, so steht jetzt für Goethe fest: daß das Gesetz siegen solle, daß der Wert und Sinn des eigenen Daseins erkauft werden müsse durch schwere Opfer, durch Verzicht auf irgendein höchstes Gut oder irgendeine höchste Kraft« (S. 325).

Von einem »Versagen« (S. 391), von einer »Verurteilung« Tassos durch Goethe (S. 424) spricht auch noch *Emil Staiger*, wenn er auch sonst in seiner Interpretation sehr viel behutsamer vorgeht. »Hier besteht von Anfang an kein Zweifel, daß der Mensch allein die Schuld an dem Unheil trägt« (S. 390). Die Handlung basiere nicht, wie in der »Iphigenie«, auf einer Situation, sondern auf einer einmaligen Persönlichkeit. Insofern sei das Schauspiel »ein deutlich ausgeprägtes Charakterdrama« (S. 391).

Eine andere Gruppe von Interpreten geht von Goethes Erklärung gegenüber Caroline Herder aus, der Sinn des Stückes sei die Darstellung der *»Disproportion des Talents mit dem Leben«* (Caroline Herder an ihren Mann im März 1789, abgedruckt bei Kunz S. 442). Diese Interpreten stellen den unaufhebbaren Antagonismus zwischen dem Dichter und der Gesellschaft heraus. Schon *Hugo von Hofmannsthal* spricht in seinem Essay »Unterhaltung über den ›Tasso‹ von Goethe« (1906) von der »Widersinnigkeit der Welt« (S. 221), die in dem Gegensatz von Dichter und Weltmann deutlich werde. – *Josef Kunz* sieht ebenfalls einen unüberwindlichen Abgrund zwischen Dichter und Gesellschaft; die »Sphäre des Staates und der Gesellschaft« biete keine »legitime Gegenmöglichkeit«, »die an geistigem Rang dem Helden ebenbürtig« sei (S. 446). Ein »Riß« trenne Künstler und Gesellschaft in dieser geschichtlichen Situation – ein Riß, der »nicht nur Menschen hohen und niedrigen Ranges scheidet, sondern mitten durch die eigene Existenz des Helden geht« (S. 447). Tassos Schuld sei es, daß er »die Ordnung dieser Stunde mißversteht,

d. h. daß er die mythische Einheit von Geist und Tat wiederherstellen möchte in einer Zeit, die wesenhaft im Zeichen der Getrenntheit steht« (S.449).

Andere neuere Interpreten sehen in dem »Tasso«-Schauspiel eine *Existenzerhellung des Daseins des Dichters*, eine Darstellung der Tragik des Dichtertums. *Benno v. Wiese* betrachtet das Drama unter dem Motto »Die Individualität als Lebenswert und das Daseinsverhängnis« (1 S.112), das im »Egmont« wie im »Tasso« seine schöpferische Gestaltung gefunden habe. Die Frage nach dem unvermeidlichen Zusammenstoß von Held und Umwelt werde dem Drama nicht gerecht. »Es ist nötig, sich klar zu machen, daß die Tragödie hier nicht auf dem Konflikt eines Ichs mit einer andersartigen Umwelt beruht, . . . sondern einzig und allein in dem nach innen geführten, besonderen menschlichen Charakter . . .« (1 S.119). Es sei die »Dichter-Existenz, deren aus dem eigenen Innern herauswachsendes Schicksal ein tragisches Leiden ist . . .« (1 S.126). – *Elizabeth M. Wilkinson* hat in mehreren Aufsätzen (seit 1946) vor allem die *Kreativität des Künstlers* in den Mittelpunkt ihrer Untersuchungen gestellt und konstatiert, daß Goethe keinesfalls etwa den Gegensatz zwischen dem Künstler und der Gesellschaft beschreiben oder gar den Künstler gegenüber der Gesellschaft habe abwerten wollen, sondern daß es hier wesentlich um die Darstellung des Wesens der »creative power« des Dichters und der sich daraus ergebenden Probleme handele.

Eine umfassende Interpretation des gesamten Werkes in diesem Sinne hat 1954 *Wolfdietrich Rasch* in seinem Buche »Goethes ›Torquato Tasso‹. Die Tragödie des Dichters« geliefert. Rasch bezieht das Verhältnis des Dichters zur Gesellschaft wieder stärker in seine Betrachtung ein, sieht aber dabei die Problematik der Dichterexistenz als Zentralproblematik des Werkes an. Rasch sagt zu seiner Deutung des Werkes (S.19): »Sie sieht nicht so sehr die Darstellung des Konflikts mit der gesellschaftlichen Wirklichkeit beim Dichter, sondern die Darstellung des Dichters am Konflikt mit der gesellschaftlichen Wirklichkeit«. Dabei kommt Rasch allerdings zu dem Ergebnis, daß eine unüberbrückbare Kluft zwischen Dichter und Gesellschaft sich auftue, die Tasso nicht als Künstler, sondern als Mensch durch Annäherung an die Gesellschaft zu überwinden versuche. Die Kluft zwischen Kunst und Welt weise auf »den Riß, der durch die Welt geht« (S.179). Lawrence Ryan (S.286) urteilt über Raschs Interpretation: »Es ist sein Verdienst, das vielfältige Spannungsgefüge, das den Dichter mit seiner Umwelt verknüpft und ihn gleichzeitig von ihr trennt, als spezifisch dichterisches Schicksal verstanden zu haben, das nicht mehr auf eine bestimmte gesellschaftliche Norm zu relativieren und nicht mehr in erster Linie als Abweichung von dieser zu betrachten ist.« Raschs Deutung ist zwar von ihm folgenden Interpreten keineswegs einhellig übernommen worden; sie stellt jedoch bis jetzt die umfassendste und ausführlichste neuere Gesamtinterpretation des Dramas dar, an der niemand, der sich intensiv mit dem Werk beschäftigen will, vorübergehen kann.

Zum *historischen* und *gesellschaftlichen* Ort des »Tasso« sagt *Rasch:* »Der Augenblick, in dem solche Selbstdarstellung des Dichters hervortritt, deutet auf einen kritischen Zustand der Dichtkunst und ihrer Stellung in der Wirklichkeit. Der Dichter scheint ohne gesicherten Ort in der gesellschaftlichen Welt; er scheint gleichsam nicht mehr von selbst in der menschlichen Erfahrungswelt sichtbar, seinem Wesen nach vertraut und erkennbar, durch sein Werk gerechtfertigt und verstanden zu sein, sondern er muß sich und sein Tun selber deuten, an sich erinnern, sich durch Darstellung erkenntlich machen. ... Die Hofgesellschaft, die in Goethes Drama dargestellt ist, ›meint‹ nicht einfach die reale höfische Gesellschaft der Zeit, auch nicht die der Renaissance, sondern sie steht ganz wesentlich für ›Gesellschaft‹ überhaupt in ihrem Verhältnis zum Dichter. Sie ist, um als Symbol brauchbar zu sein, entzeitlicht, wenigstens so weit, wie es vereinbar ist mit der künstlerischen Forderung nach Farbigkeit und lebensvoller, also individueller Anschaulichkeit der dargestellten Symbolwelt. Man würde die Intention Goethes verfehlen, wenn man den ›Tasso‹ als eine bloße Verdeutlichung der Situation des Dichters am Hofe mit ihren Vorzügen und Bedrängnissen läse...« (S. 34). »Man darf Goethes ›Tasso‹, der so viele Züge eines ›romantischen‹ Dichterbildes verrät, nicht zu nahe an die Romantik rücken. Was Goethe von ihr trennt, ist dies, daß er noch nicht die romantische Entwertung der Wirklichkeit vollzieht. Der Realität bewahrt Goethe ihr ganzes Recht, sie bleibt als Gesellschaft, als Welt der Tätigkeit vollwertiges Gegenüber für den Dichter. Versöhnung zwischen Kunst und Gesellschaftswirklichkeit, nicht totale Poetisierung der Welt ist die Goethesche Forderung. Für ihn liegt nicht aller Sinn und alle Produktivität allein im Bereich der Poesie: auch die praktische Tätigkeit als solche kann schöpferisch sein. Napoleon war ›einer der produktivsten Menschen‹, sagt Goethe 1828 (11. März) zu Eckermann. ›Ja, ja, mein Guter, man braucht nicht bloß Gedichte und Schauspiele zu machen, um produktiv zu sein, es gibt auch eine Produktivität der Taten, und die in manchen Fällen noch um ein Bedeutendes höher steht‹«« (S. 26).

Auch *Lawrence Ryan* (1965) sieht die Existenz des Dichters als Zentralproblem des Werkes. Allerdings distanziert er sich von der Interpretation Raschs (S. 286 f.): »Im Gegensatz hierzu möchten wir den Standpunkt vertreten, daß diese Annäherung Tassos an das ›Leben‹ nicht etwa dem vergeblichen Versuch eines kompensierenden Ausgleichs entspringt, wodurch im Grunde genommen die Unvereinbarkeit jenes Gegensatzes nur bestätigt sein würde, sondern in dem Selbstverwirklichungsversuch des sich noch durchaus in die repräsentative Lebensform des Hofes einordnenden Dichters ihren Ursprung hat.« Im »Tasso« sei ein Bild des neueren Dichters überhaupt gezeichnet; das Drama reflektiere einen entscheidenden Punkt in der Geschichte der europäischen Dichtung, den des »Verlustes der dichterischen Fähigkeit, eine Ganzheit der Welt widerzuspiegeln« (S. 311). »Mit einem Worte: der tragische Untergang des epischen, Welt gestaltenden Dichters leitet zur Geburt des lyrischen, bekennenden Dichters hinüber: aus Tasso ist gleichsam ein Goethe geworden« (S. 312).

Nachdem sich die Erkenntnis durchgesetzt hat, daß es in diesem Drama um die Existenz des Künstlers und sein Verhältnis zur Gesellschaft geht, hat sich die Forschung einer Reihe von Einzelproblemen und auch der einzelnen Personen des Werkes angenommen und diese in Aufsätzen behandelt. So untersucht *Walter Silz* 1956 Doppeldeutigkeiten (»ambivalences«) und *Widersprüche* (»contradictions«), die Goethe in den Figuren des

Dramas angelegt hat. *Liselotte Blumenthal* schreibt 1959 über *Arkadien* in Goethes »Tasso«. Im gleichen Jahre legt *Johannes Mantey* in seiner Dissertation eine umfassende Darstellung der *Sprache* des »Tasso« vor und vergleicht sie mit dem Sprachstil der »Iphigenie«. Mit den sprachlichen Phänomenen des Werkes beschäftigen sich auch *Butzlaff* (1964) und *Boulby* (1972); sie untersuchen die »Schlüsselwörter« des Textes. 1965 veröffentlicht *Gerhard Neumann* seine wertvolle Studie, in der er die *Konfiguration* der Personen, Landschaften, Metaphern, Sprachhaltungen, Spiegelungen als Strukturgerüst des Dramas darstellt. Mehrere Autoren (neben *Rasch, Ryan* und *Neumann* auch *Blumenthal, Nahler* und *Forster*) befassen sich intensiv mit dem *Schluß* des »Tasso« und versuchen, von dorther grundsätzlich den Stellenwert des Werkes zu bestimmen. *Marie-Luise Waldeck* publiziert 1970 einen Aufsatz über die *Prinzessin* und setzt die von Rasch und Mantey begonnene Interpretation dieser Dramenfigur fort.

Die *marxistische* Literaturwissenschaft in der DDR hat dem »Tasso« – im Gegensatz zu anderen Werken Goethes, z. B. dem »Faust« – bisher verhältnismäßig wenig Beachtung geschenkt, obwohl die gesellschaftsbezogene Thematik des Werkes dies nahegelegt hätte. *Georg Lukács* (S. 29) betrachtet zwar den Konflikt zwischen dem Künstler und der Gesellschaft mit Interesse, tadelt aber den Kompromißcharakter des Schlusses: »Die Tragödie des Tasso leitet insofern die große Romandichtung des 19. Jahrhunderts ein, als hier bereits die tragische Lösung des Konflikts weniger eine heroische Explosion als ein Ersticken in Kompromissen ist.« *Wilhelm Girnus* (S. 12) stellt fest, Goethe stelle hier einen historischen Zustand dar, in dem »geistige und materielle Macht der Gesellschaft . . . einander entfremdet« seien. Das Autorenkollektiv *Albrecht, Bastian* und *Mittenzwei* erklärt, Goethe gestalte hier »sein Eigenleben in einer künstlerisch-objektiven Aussage über das unbefriedigende Verhältnis des Dichters bzw. Künstlers zur höfisch-feudalen und bürgerlichen Gesellschaft schlechthin« (S. 212). Für *Nahler* werden am Schluß die zeitgenössische Gesellschaft und ihre Normen unter Eröffnung einer besseren gesellschaftlichen Perspektive relativiert: »Das Verhältnis Tassos zu Antonio offenbart am Schluß der Handlung insofern seine exemplarische Geltung, als Tasso die gesellschaftlichen Normen relativiert und als temporäre Erscheinungen enthüllt hat. Antonio dagegen hat die ursprünglichen ästhetischen Normen Tassos relativiert und sie als singuläre Erscheinungen sichtbar gemacht. Beide Gegenspieler stehen formal im Dienst gleichwertiger Prinzipien. Beide werden aus ihrer Subjektivität herausgerückt und befinden sich am Ende des Stückes auf dem Weg zu neuen Ufern. Das heißt: Die dramatischen Prinzipien stellen sich wie These und Antithese als Durchgangsstufen zu einer besser funktionierenden Gesellschaftlichkeit dar« (S. 298 f.). – *Ursula Wertheim* (S. 76) erklärt die Stilisierung des Lebens und Schicksals Tassos zur Problematik von »Geist und Macht« für eine idealistische Konstruktion. Das Werk spiegele vielmehr »im speziellen Bereich des Verhältnisses von Dichter und höfischem Mäzenat den allgemeinen gesellschaftlichen Widerspruch zwischen Bürgertum und Feudalität«, »ein Widerspruch, der in Frankreich gerade revolutionär gelöst wurde, in Deutschland seiner Lösung harrte, aber bereits auf der politischen Tagesordnung stand«.

Tasso, ein »gesteigerter Werther«

Eine Verwandtschaft zwischen Tasso und Werther ist frühzeitig bemerkt worden. Am 20. Mai 1826 stellt der französische Literaturkritiker *Ampère* in Le Globe fest: »Il me semble que c'est lui qui parle par la bouche du Tasse; et dans cette poésie si harmonieuse, si délicate, il y a du Werther.«

Dazu sagt *Goethe* zu Eckermann am 3. Mai 1827: »Wie richtig hat er bemerkt, daß ich in den ersten zehn Jahren meines weimarischen Dienst- und Hoflebens so gut wie gar nichts gemacht, daß die Verzweiflung mich nach Italien getrieben, und daß ich dort mit neuer Lust zum Schaffen, die Geschichte des Tasso ergriffen, um mich in Behandlung dieses angemessenen Stoffes von demjenigen freizumachen, was mir noch immer aus meinen weimarischen Eindrücken und Erinnerungen Schmerzliches und Lästiges anklebte. Sehr treffend nennt er daher den Tasso einen gesteigerten Werther.«

Die Interpreten haben sich mit diesen Äußerungen Ampères und Goethes wiederholt beschäftigt. *Gundolf* (S. 324) sieht die Steigerung »in der seelischen Vertiefung des Konflikts, in welchem die beiden Leidenden untergehen«. In Werther triumphiere die Leidenschaft, indem sie ihren Träger vernichte. »Im Tasso aber geht das Individuum gerade daran zugrunde, daß seine Leidenschaft, ungeschwächt, mit Bewußtsein abdanken muß, daß sie das Gesetz, die Wirklichkeit anerkennen muß als das Gültigere und Stärkere ...«. *Korff* (S. 173) versteht das Wort vom »gesteigerten Werther« anders: »Gesteigert aber ist im Tasso sowohl das Mißverhältnis zwischen dem Phantasieleben des Künstlers und der Wirklichkeit, das hier zu völliger Verblendung führt, als auch das Mißverhältnis zwischen der Hemmungslosigkeit des künstlerischen Gefühlslebens und den Maßforderungen des gesellschaftlichen Feingefühls.« *Elizabeth M. Wilkinson* hat dagegen festgestellt, daß »1. das Wort ›gesteigert‹ hier in jenem prägnanten Sinne gebraucht ist, der Goethes naturwissenschaftlichem Begriff der ›Steigerung‹ entspricht«. Daraus ergebe sich, daß »2. keine Rede davon sein kann, daß das Wort in diesem Falle eine negative Färbung hat« (2 S. 53). In diesem Sinne sagt z. B. *Walter Hof* (S. 112f.): »Für Werther gab es nur eine Art menschenwürdiger Existenz: das kompromißlose Festhalten am Begehren, am Wirklichhabenwollen des unbedingten Ganzen, auch um den Preis der Selbstvernichtung. Daß dies unbedingt Ganze nur um den Preis der Selbstaufhebung zu haben sei, war die rein negative Lehre der Erzählung. Das Drama ›Tasso‹, sofern es lehrhaftes Gespräch ist, entwickelt eine andere und höhere Möglichkeit menschenwürdiger Existenz: das verzichtende Verehren des Vollkommenen oder, was damit zugleich gegeben ist, den Besitz der realen Ganzheit, die Harmonie der Persönlichkeit. Daß Selbstvollendung nur um den Preis des Verzichts auf das Begehren des unbedingt Ganzen zu erlangen sei, das ist die Lehre des ›Tasso‹.« – Auch *Neumann* stellt fest (S. 97): »Das Tasso den Atem Werthers noch zuweilen besitzt: das unterscheidet ihn von Antonio und Leonore; daß er sich korrigiert, wenn er sich dieses Tones bewußt wird: das hebt ihn von Werther ab. Werther war unverbesserlich.«

Ursula Wertheim unterscheidet mehrere *Formen der Steigerung* Tassos gegenüber Werther: »Trotz des Rückgriffs aufs 16. Jahrhundert ist der Dichter Tasso eine Steigerung des Bürgers Werther, weil der Zusammenstoß nicht auf einer anonymen – wenn auch temporären – gesellschaftlichen Ebene erfolgt. Und trotz der Zurückdrängung des ›Historischen‹ ermöglicht es der genau bestimmte, nach Ort und Zeit festgelegte Schauplatz – Tasso am Hofe von Ferrara – in ganz anderer Weise als im

›Werther‹ die Konflikte eines bürgerlichen Künstlers, gleichsam als Modellfall, wenn auch in mannigfachen Brechungen widerzuspiegeln. Das ist die *erste* Form der ›Steigerung‹. Bei Werther wie bei Tasso geht es nicht nur um die Entfaltung, sondern vor allem um die Durchsetzung und Behauptung der Persönlichkeit gegenüber den herrschenden Gewalten. Gesteigert ist die Problematik durch die herausgehobene, exponierte Dichterexistenz. . . . In der Wendung vom Allgemeinen (›Werther‹) zum Besonderen (›Tasso‹) als Widerspiegelung von Goethes eigener Wendung vom Privatmann zur öffentlichen Person liegt die *zweite* Form der ›Steigerung‹. . . . Tasso fühlt sich als Luxusgeschöpf, das dem fürstlichen Kreis zur Unterhaltung, zum Schmuck dient, fühlt sich degradiert, weil er weder als Ratgeber noch als Liebender ernst genommen, nicht ebenbürtig angesehen wird. Seine Flucht rettet ihn vor der drohenden Gefahr, ein Werther-Schicksal zu erleiden. In dieser letzten, fast verzweifelten Zusammenfassung aller Kräfte liegt eine *dritte* Form der ›Steigerung‹. Und schließlich ist – anders als im Briefroman – der gesellschaftliche Zusammenstoß nicht lediglich erzählt, sondern dramatisch dargestellt, das erhöht, wenigstens potentiell, die vom Herzog beanstandete ›Gefährlichkeit‹, und darin liegt eine *vierte* Form der ›Steigerung‹« (S. 84f.).

Tassos Dichtertum

»Disproportion des Talents mit dem Leben«

Caroline Herder berichtet ihrem Mann im März 1789 über eine Äußerung Goethes zu seinem »Tasso«: »Von diesem Stück sagte er mir im Vertrauen den eigentlichen Sinn. Es ist die Disproportion des Talents mit dem Leben.«

Zum Verständnis dieser Äußerung sagt *Wolfdietrich Rasch* (S. 43): »Im ›Tasso‹ herrscht die Vorstellung: das Talent ist mit Tasso, der es ›trägt‹ (wie die Prinzessin sagt), zugegen, eine eigene, von der Person des Trägers unterscheidbare Wesenheit. Es ist das Auszeichnende, aber auch das, was ›getragen‹, ertragen werden muß, auch eine Bürde also. Talent ist das Zugeteilte, das der Empfänger als Auszeichnung und Bürde trägt. Erst diese Anschauung des Talentes, wie sie im ›Tasso‹ an vielen Stellen erscheint, erschließt den genauen Sinn von Goethes deutendem Wort über sein Drama: was er darstelle, sei ›die Disproportion des Talents mit dem Leben‹. Diese Formulierung meint nicht das Mißverhältnis des Phantasiemenschen mit der Wirklichkeit, es denkt zunächst nicht allein an den Träger des Talents, sondern an die Gabe, an die Schöpferkraft selbst: sie ist das, was dem notwendig in allgemeinen Normen geordneten, in festen Bahnen sich bewegenden Leben nicht harmonisch zugebildet ist, was ihm in gewissem Sinne widerspricht und als Auszeichnung und hohes Gut zugleich Bürde und Gefahr bedeutet.«

Wer dichtet, leidet

Daß die dichterische Existenz mit *Leiden* verbunden ist, sagt Tasso am Schluß des Werkes (V. 3432f.):

»Und wenn der Mensch in seiner Qual verstummt,
Gab mir ein Gott zu sagen, wie ich leide.«

Zu diesem Thema führt *Rasch* (S. 21) aus: »So darf man keinen Widerspruch darin sehen, daß Goethe im labilen, zwiespältigen, an sich selbst und der Welt leidenden Tasso ein Bild des echten Dichtertums dargestellt hat und nicht nur den abseitigen Sonderfall eines extravaganten, schwachen, nach mancher Auffassung krankhaften und entarteten Künstlers. Gewiß ist Tasso eine höchst individuelle, in manchem Betracht extreme Verkörperung des Dichtertums, und überdies nur so möglich in einer bestimmten geschichtlichen Zeit. Aber in den individuell, geschichtlich und soziologisch bedingten Formen manifestiert sich doch sowohl das ursprüngliche Wesen des Schöpfertums selbst wie eine besondere Art von Spannungen, Gefährdungen und Leiden, die mit ihm verknüpft sind. Wenn aus der griechischen Tragödie uns die Einsicht entgegenklingt: ›Wer handelt, leidet‹, so klingt aus dem ›Tasso‹ – weltliterarisch zum erstenmal in einer Tragödie – die andere: ›Wer dichtet, leidet‹.«

Schöpfertum

Goethe läßt den Künstler nicht nur als handelnde Person auftreten, sondern er führt ihn auch in seiner poetischen Kreativität vor. Dazu sagt *Elizabeth M. Wilkinson:* »Goethe hat ... im ›Tasso‹ gezeigt, daß der Vorgang des *dichterischen* Schaffens zum wenigsten einer dramatischen Darstellung nicht völlig widerstrebt. Damit ist nicht nur gemeint, daß Goethe seinen Tasso von diesem Vorgang sprechen läßt oder daß er uns zeigt, wie der Schaffensdrang sich in seinen Beziehungen zu anderen Menschen auswirkt. Das alles enthält das Drama gewiß auch. Aber es liegt noch mehr darin. Goethe läßt uns den Dichter bei seiner schöpferischen Arbeit sehen ...« (1 S. 194).

»Das erstemal ist er soeben von der Prinzessin mit einem Lorbeerkranz gekrönt worden (I, 3). Dieses Symbol erweckt in ihm jene untrennbaren und doch widerstreitenden Gefühle, die sich bei einer Zeremonie von solch zwiespältiger Bedeutung unvermeidlich einstellen. Denn, wie Goethe anderswo sagt, jede Weihe ist Verwünschung und Heiligung zugleich. Die Ehre der Anerkennung beglückt und erhebt Tasso; sie ist der Eintritt in ein volleres Leben, aber ein Eintritt, der auch die schmerzvolle Last der Verantwortung in sich birgt. Die Angst, den Anforderungen nicht zu genügen, bringt seine Kraft zum Erlahmen, und er bittet, man möge ihm die Krone abnehmen. Aber noch während er fürchten muß, seine dichterische Kraft verloren zu haben, kehrt sie unerwartet zurück, um ihre Stimme zu erheben. Er stellt sich in der Einbildungskraft vor, er verberge seine Beschämung und seine Freude in irgendeinem entlegenen Hain; fern vom gegenwärtigen Schauplatz und in sich selbst entrückt, wird seine Aufmerksamkeit auf eine Szene hingelenkt, die sich in seinem Geist abspielt. Er sieht sich wie Narziß in einem Brunnen und fängt an, sich mit seinem Spiegelbild zu unterhalten. Rasch zeichnet er die Einzelzüge eines schönen landschaftlichen Hintergrundes ein, auf dem sich die Helden und Dichter des Altertums in Eintracht und gegenseitiger Ehrerbietung bewegen, rhythmisch zu einem erstarrten Leben gruppiert wie am Giebel eines alten Tempels. Das könnte der Entwurf zu einem Gedicht sein: ›Ankunft eines unbekannten Dichters auf den Elysischen Gefilden‹.– Das zweitemal ist Tasso schon aus diesem idyllischen Zustand vertrieben und durch die Ankunft Antonios vor die harte Wirklichkeit der Welt und ihrer Geschäfte gestellt worden (II, 1). Vor Antonios beachtlichen Leistungen, die greifbar und unleugbar ›da‹ sind, erscheinen Tassos Einbildungen luftig und unwirksam, und quälende Zweifel an seiner eigenen Existenz überfallen ihn. Und doch flüchtet er vor dieser Angst in eines dieser Phantasiegebilde, das aber nicht einfach Zuflucht in einem privaten Tagtraum ist, sondern Vorstellungen von allgemeiner Gültigkeit aufruft, Vorstellungen, in denen jedes Wesen seinen Platz hat und seinen unveräußerlichen Wert empfindet. Er malt das Bild von der Wirklichkeit des goldenen Zeitalters mit einer liebevollen Aufmerksamkeit für Einzelheiten, die eine schon weithin durchgearbeitete Konzeption verrät. – Noch ein drittes und viertes Mal sehen wir Tasso auf dichterische Tätigkeit zurückverwiesen, um einer Wirklichkeit auszuweichen, die sich ihm unangenehm aufdrängt (V, 4). Aber anders als bei den ersten zwei Gelegenheiten könnte man diesmal auf den Gedanken kommen, er entwerfe praktische Pläne. Denn wenn Tasso der Prinzessin erklärt, er wolle nach Hause gehen zu seiner Schwester, als Pilger verkleidet, oder wenn er, als plötzlich die Aussicht zu bleiben auftaucht, bittet, als Hauswart auf einen entlegenen Landsitz geschickt zu werden, dann hat er seine Augen offenbar auf die nächste Zukunft gerichtet, nicht auf ein goldenes Zeitalter oder auf ein zeitloses Elysium. In diesen dramatischen Szenen entfaltet sich eine rege Tätigkeit, die gegen die gemessene Bewegung der elysischen Gefilde oder gegen das Stilleben des goldenen Zeitalters absticht. Aber dem ist nur so, weil der schärfer gewordene Konflikt und die Stoßkraft der dramatischen Handlung Tasso aus seiner beschaulichen Stimmung aufgestört und in die Notwendigkeit versetzt haben, seine Lage zu ändern. In den beiden späteren Fällen mag die erste Regung zu praktischen Schritten ganz aufrichtig empfunden worden sein; aber ehe er weiß, wo er steht, ist Tasso schon wieder fort und auf einer poetischen Flucht, und die Bilder, die dabei aufwirbeln, berauschen ihn und verdrängen alle praktischen Überlegungen« (1 S. 196f.).

Das Gleichnis vom Seidenwurm (V.2)

Wolfdietrich Rasch interpretiert das Gleichnis vom Seidenwurm (S.49f.): »Indem . . . Tasso vom Dichten spricht, beginnt er . . . dichterisch zu sprechen, formt sein eigenes Lebensgeheimnis zum Gleichnis. . . .

Spinnen und Weben ist für Goethe das urtümliche Gleichnis, unter dem er jegliches Schaffen anschaut, auch das Wirken der Natur selbst, der ›ewigen

Weberin‹, die ›des Fadens ew'ge Länge, gleichgültig drehend, auf die Spindel zwingt‹. Sieht er das Schaffen des Künstlers unter dem gleichen Bilde, so wird damit ausgesprochen, daß in ihm die ewigen Kräfte der Natur selber wirken, wenngleich als Kunst, nicht absichtslos, sondern mit der Anspannung des bewußten Formwillens. Mit dem Gleichnis vom spinnenden Seidenwurm bezeichnet Tasso zunächst sein Schaffen als unwiderstehlichen Naturtrieb, der den gestaltenden Willen lenkt. ›Aus seinem Innersten‹ entwickelt er ›das köstliche Geweb‹, und damit verbraucht er dieses Innerste, sich selbst. Das Gewebe wächst, indes das eigene Sein des Künstlers, aus dem es als seine verwandelte Gestalt hervorgeht, sich verzehrt und ›dem Tode näher spinnt‹. Für ›das Leben‹, in dem sonst menschliche Kräfte sich entfalten und betätigen, bleibt nichts übrig, alles wird zum Gewebe, zum Werk.

Aber Tassos Gleichnis enthält – darin besteht seine Fruchtbarkeit als dichterisches Symbol – den Keim eines neuen, wie der Cocon der Seidenraupe den Keim des Schmetterlings. Das Gewebe, das Werk, wird zur Hülle, die vom Leben abschließt, endlich zum Sarg. Aber die fertige Hülle ist zu durchbrechen, der Tod zu erfahren als Verwandlung der irdischen Existenz zur Daseinsform des freien Fliegens im ›neuen Sonnental‹, im Lichtbereich der reinen Weltkräfte, denen der Dichter, sein Leben opfernd, immer schon nahe ist. Das alte Symbol des Schmetterlings als der vom Körperhaften befreiten Seele verbindet sich mit dem Symbol des Fliegens als Kennzeichen der geistig erhöhten, besonders der dichterischen Existenz. So erscheint es im ›Faust‹ (›O daß kein Flügel mich vom Boden hebt . . .‹). Euphorion ist als ›Genius ohne Flügel‹ geboren, bewegt sich ›springend‹ fort – eine Vorform des Fliegens – und wagt schließlich den freien Flug: ›Doch – und ein Flügelpaar faltet sich los‹.

Ein gesteigertes Bewußtsein der Todesnähe, eine Regung der Todessehnsucht klingt in Tassos Gleichnis mit und verrät die Nähe zum romantischen Dichtertum, in der Tasso sich befindet. Doch bleibt die Grenze zum eigentlich romantischen Lebensbewußtsein und Todesverlangen gewahrt. Denn in Tassos Gleichnis muß der Künstler, wie der Seidenwurm, den Faden zu Ende spinnen und erreicht nur durch das vollendete Werk hindurch die Erlösung zu höherer Daseinsform. Nur aus der fertigen Hülle, die der bis zum Ende abgesponnene Faden bildet, erfolgt der Durchbruch zum reinen Licht und schwerelosen Flug. Der Weg ist dem Künstler vorgezeichnet, hart und genau, er läßt sich nicht verkürzen, kein Ausweichen ist verstattet, kein Sprung in den Ätna erlaubt ihm ein vorzeitiges Zurücktauchen in die große Einheit der Elemente. Das Verlangen nach der erhöhten und reinen Daseinsform vermindert nicht die Werkleidenschaft, sondern es ist ihr tiefster Antrieb.«

»Sein Ohr vernimmt den Einklang der Natur«

Zu Tassos dichterischem Verhältnis zur Wirklichkeit sagt *Rasch* (S.52): »Tassos

verstehende Kenntnis der wirklichen Welt ist angewiesen auf die überprüfende Erfahrung und belebende Anschauung, um gestaltbar zu werden. Sie speist sich jedoch noch aus anderen, geheimeren Quellen als der bloßen Beobachtung: aus einer unmittelbaren Verbundenheit mit dem Wesensgrund der Dinge, aus einer innigen Nähe zum Ursprung. Er lebt in einem bevorzugten Einverständnis mit den tiefsten Kräften der Natur, mit dem Leben des Ganzen. Tasso ist, wie es wenig später Hölderlin im Hyperion von Empedokles, dem Weisen und Dichter sagt, ›vertraut mit der Seele der Welt‹.
Sein Ohr vernimmt den Einklang der Natur.
... Die Gräfin kennzeichnet hier feinfühlig die besondere Art von Nähe und Ferne in Tassos Verhältnis zur Wirklichkeit. Er lebt in seiner eignen Welt. Aber die Gräfin will ihn damit nicht als bloßen Träumer und Phantasten bezeichnen, sondern als einen Dichter, der in einer tieferen, der eigentlichen Wirklichkeit heimisch ist, der unmittelbar verbunden ist mit dem Gesamtleben, dem Ganzen des Seins und eben deshalb nicht so eng wie andere Menschen an den begrenzten und einzelnen Wirklichkeiten haftet, die nur Teile jenes Ganzen, Erscheinungsweisen jener Wahrheit sind. Der Dichter ist in diese Wahrheit eingeweiht, und er wertet und deutet deshalb die Dinge anders als die Menschen, die ganz im begrenzten Spielfeld zeitlicher Wünsche und kurzlebiger Zwecke sich bewegen:

> ›Sein Ohr vernimmt den Einklang der Natur;
> Was die Geschichte reicht, das Leben gibt,
> Sein Busen nimmt es gleich und willig auf:
> Das weit Zerstreute sammelt sein Gemüt,
> Und sein Gefühl belebt das Unbelebte‹.«

Wahn und Selbsttäuschung

Die Emanzipation des Künstlers aus den Bindungen an den Hof und an die Kirche, die sich im 18. Jahrhundert vollzogen hat, hat ihm neue Möglichkeiten eröffnet, ihm aber auch den gesellschaftlichen Boden entzogen und ihn in eine Krise seines Selbstbewußtseins gestürzt. Diese wiederum hat eine seelische Labilität zur Folge, die zu Wahn und Selbsttäuschung führt. Goethes Tasso hat Züge einer Hysterie an sich, die es ihm fast unmöglich macht, die Wirklichkeit, in der er lebt, richtig einzuschätzen.

Benno v. Wiese sagt dazu (2 S. 106): »*Der Wahn ist negative Phantasie*, ein Umdichten seiner Umwelt in miteinander verknüpfte Gestalten eines Angsttraumes, der das Ich bedrängt und verfolgt. Die schöpferische Selbstbesessenheit schlägt in eine verhängnisvolle Kette von Selbsttäuschungen um. Nirgends vermag Tasso sein Verhältnis zur Umwelt richtig zu beurteilen, mag es sich um Alphons, Antonio, die Prinzessin oder Leonore handeln. Strömende Hingabe wechselt mit grenzenlosem Mißtrauen, beides in Glück und Schmerz gleich ausschließlich und ohne Vorbehalt. Tasso vermag immer nur im Augenblick zu leben, aber es ist der von der Phantasie umgedichtete Augenblick, dem gerade das Gegenwärtige entgleitet. Alle Lebenserfahrungen werden von dem liebenden und hassenden Gefühl leidenschaftlich übersteigert, sei es Ruhm, Ehre, Liebe oder Gefangenschaft, Feindschaft oder Einsamkeit. So sucht er sich die Freiheit im Denken und Dichten zu wahren. Aber diese Freiheit ist nur ein Schein. Sie macht aus dem schönen Glück des Fürstendienstes die Sklaverei eines Tyrannen, aus dem ritterlich um sein Wohl bemühten Antonio den ärgsten, gehaßtesten Feind, aus der vergötterten Geliebten die listige Buhlerin mit geheimen Künsten. Der sich selbst überlassene, in den *Wahn* verstrickte Tasso glaubt ein Netz zu durchschauen, das um ihn gelegt ist und dem er nur durch ›Verstellung‹ entgehen kann. Aber wie wenig versteht Tasso von der Kunst zu scheinen, sich zu verstellen! In Wahrheit zerstört er, ohne es zu wissen, seine eigene Lebensgrundlage und macht ein zunächst objektiv gar nicht vorhandenes, sondern nur eingebildetes Mißverhältnis zur Wirklichkeit durch die Schein-Freiheit seines Wahns zu einem wirklichen und unwiderruflichen. Wo Tasso sich von außen vernichtet glaubt, wird er im Grunde sein eigener Henker, und alle retardierenden Versuche, ihm die Augen zu öffnen und ihn zu retten, reißen ihn nur umso hoffnungsloser in seine Selbstzerstörung hinein.«

Dieser Auffassung der Rolle Tassos widerspricht *Rasch* (S.125f.), indem er darlegt, daß Tasso im vierten Akt seine Situation völlig falsch einschätzen müsse, weil er, in sein Zimmer verbannt, nicht von den Vorgängen des dritten Aktes erfahre.»Er weiß anfangs nicht, daß Alphons die einseitige Bestrafung bereut und Antonios innere Schuld festgestellt hat (II,4). Er weiß auch nicht, daß die Prinzessin und die Gräfin in Antonio den Hauptschuldigen sehen (III,2). Das handlungsmäßige Hauptmotiv des dritten Aktes ist der Entschluß der Gräfin, Tasso von Ferrara zu entfernen und ihn nach Florenz zu locken. Sie gewinnt dafür die Zustimmung der Prinzessin, die wegen ihrer gefährlich werdenden Liebe zu Tasso auf dessen Anwesenheit verzichten will (III, 2). Antonio, dessen Mithilfe sie sich ebenfalls sichern möchte (III, 4), lehnt eine Beteiligung ab. Trotzdem befestigt sie im Schlußmonolog (III, 5) ihre Absicht, Tasso zum Verlassen des Hofes zu überreden. Erst durch die Gräfin kommt dieses entscheidende Motiv einer Entfernung Tassos ins Spiel, an die auch nach dem Streit niemand dachte. Von alledem erfährt Tasso nichts. Goethe hat ihn mit großer Kunst (und vielleicht nicht ganz ohne Künstlichkeit) in eine Situation gestellt, in der er an seinen Gönnern wenigstens zweifeln muß und nicht so klar wie der informierte Zuschauer sehen kann, daß diese Gönner zwar gleichgültig (Antonio), kurzsichtig, gehemmt oder egoistisch sind, aber nicht feindlich.« Rasch fährt fort (S.131):»Es ist eine geläufige, aber triviale Vorstellung, der Künstler neige stärker als andere Menschen dazu, im täglichen Leben subjektive Phantasien an die Stelle der Realität zu setzen und sein Verhalten von Hirngespinsten leiten zu lassen. Zu Goethes Bild des Dichters gehört diese Vorstellung nicht. Auch der Augenblick völliger Verblendung in der Schlußszene des fünften Aktes, in der Tassos Verdacht erst zum eigentlichen Wahn wird, ist kein dichterischer Wahn. Als der Herzog und Antonio Tasso bei der Umarmung der Prinzessin überrascht haben, steigert sich sein Argwohn, der schon halb beschwichtigt war, zu einem hemmungslosen Ausbruch auch gegen den Herzog und die Prinzessin.

Hier ist er vom Wahn einer boshaften Verschwörung völlig umschleiert, obwohl kein realer Anlaß, kein zweideutiges Faktum vorliegt, das auf die Mitwirkung der Prinzessin und des Herzogs an dem vermeintlichen Komplott schließen lassen könnte. Tasso erliegt einer blinden Selbsttäuschung, die von einem rein subjektiven Anhaltspunkt ausgeht. In der Duellszene sah er sich durch Antonios Hohn zum Ziehen des Degens provoziert – und plötzlich trat der Herzog hinzu, so daß er bloßgestellt war. Jetzt deutet er sich im ersten Augenblick der Beschämung den Vorgang am Schluß der vierten Szene als eine Art Wiederholung dieser Duellszene. Er meint, die Prinzessin habe ihn als ›Sirene‹ absichtlich ›angelockt‹ und zur Umarmung gereizt, damit er sich endgültig bloßstelle. Aber diese wahnverzerrte Deutung hält er nur einen Augenblick aufrecht. Es ist der Augenblick, da sich die plötzliche Einsicht in seine eigene Schuld schon bildet. Diese Einsicht erträgt er nicht sofort. Es ist eine verzweifelte, aber vergebliche Flucht vor der unerträglichen Wirklichkeit in den Wahn. Auch hier erliegt Tasso nicht der ›Dichterphantasie‹, sondern dem Überdruck der Situation, des Schuldgefühls, vor dem seine seelische Kraft versagt und einen Augenblick nachgibt. Dieser Wahn ist von derselben Art wie etwa der Wahn Gretchens im ›Faust‹, die auch vor dem Überdruck der allzu schwer lastenden Schuld an Muttermord und Kindesmord in den Wahnsinn flieht.«

Der Ansicht Raschs wird man allerdings entgegenhalten können, daß Tasso seit eh und je am Hofe von Ferrara unter Wahnvorstellungen gelitten hat. Antonios Schilderung seines »ungemäßigt(en) Leben(s)« (V. 2918), seines »launisch(en) Mißbehagen(s)« (V. 2969) in den Versen 2884 ff. zeigt einen Menschen, der nach den Vorstellungen des Autors wohl von der seelischen Konstitution her sich am Rande des Pathologischen bewegt. Dies muß man im Blick haben, ohne damit die Freiheit seines Verhaltens in Frage zu stellen.

Tassos Liebe

Ältere Interpreten haben in Tassos Liebe zur Prinzessin mehr eine »poetisch-unverbindliche Schwärmerei« (Rasch S. 145) als eine echte Leidenschaft gesehen. Diese Auffassung ist nicht aufrecht zu erhalten; für Tasso gehört die Erfüllung seiner Liebe zu seinem Streben nach Teilhabe an der Wirklichkeit des Lebens, zum Aufbau seiner Persönlichkeit in der Welt. Die Gräfin, Meisterin im unverbindlichen Spiel des höfischen Lebens, hat unrecht, wenn sie sagt: »Hier ist die Frage nicht von einer Liebe, die sich des Gegenstands bemeistern will« (V. 205 f.).

Zu Leonores Meinung sagt *Rasch* (S. 147): »Der literarische, im Grunde unverbindliche Minnedienst, als den die Gräfin und Antonio Tassos Liebe auffassen, ist nur die gesellschaftliche Form, die abschirmende Maske, hinter der sich die wahre Leidenschaft verbergen kann und durch die eine solche Liebe wenigstens innerhalb eines begrenzten Spielraums gesellschaftlich möglich und tolerierbar wird. Eine ernsthafte Werbung des Hofpoeten um die Fürstin ist wegen der sozialen Konstellation unmöglich, und eine freie erotische Beziehung wäre zwar zwischen einer Fürstin und ihrem Günstling nach den Sitten der Renaissance-Höfe durchaus denkbar, wenn es sich um eine verheiratete Frau handelte, ist aber unmöglich für die unverehelichte Prinzessin, die durch strenge Konvention gebunden ist. Nach den Begriffen bürgerlicher Moral wäre eine Liebesbeziehung Tassos zur verheirateten Gräfin Sanvitale anstößiger als seine Liebe zur Prinzessin. In dieser Gesellschaft ist es umgekehrt. Nur deshalb kann die kluge Gräfin sagen, Tasso maskiere seine Verehrung der Prinzessin, der seine Verse eigentlich gelten, mit der durch Namensgleichheit ermöglichten Fiktion, daß er die Gräfin meine.«

Rasch führt zu Tassos Liebe aus (S. 141): »Tassos Intention, seine entwirklichte, poetisch-scheinhafte Existenz zu überwinden, verdichtet sich im vierten Akt an zwei Punkten, zwei Ansatzstellen zum Absprung in die volle menschliche Wirklichkeit. Die eine ist die Liebe zur Prinzessin, die andere der Haß gegen Antonio. Beides treibt er gewaltsam vor bis zum Extrem: die Liebe bis zur Verletzung der sittlichen Verpflichtung, die nicht nur im gesellschaftlichen Gesetz besteht, sondern im Anspruch des geliebten Menschen auf die Achtung seiner Wünsche und Notwendigkeiten, und den Haß bis zur Verblendung über das Verhalten des Gehaßten. Aber dieses exzentrische Lieben und Hassen ist nicht Ausdruck der hemmungslosen Immoralität von Tassos Natur, sondern – wenngleich schuldhaftes – Zeugnis der tragischen Existenznot des Dichters, der Wirklichkeit leben will auch um den Preis von Schuld und Vernichtung. Indem Tasso liebt und haßt, fühlt er sich wirklich, als ein Mensch mit menschlichem Schicksal. Darum bejaht er im ersten Monolog seine Leidenschaft für die Prinzessin mit all ihren Gefahren:

> ›Und ließ ich allzu rasch in meinem Busen
> Der Flamme Luft, die mich nun selbst verzehrt,
> So kann mich's nicht gereun, und wäre selbst
> Auf ewig das Geschick des Lebens hin‹.«

»Warum ändert sich Tassos Verhalten? Als er noch in Gunst beim Hofe stand, den Lorbeer trug, beherrschte er seine leidenschaftliche Liebe; jetzt, da seine Situation gefährdet ist, da er selbst sich sogar in Ungnade fühlt und vernünftigerweise umso vorsichtiger sein sollte, gerade jetzt vergißt er sich und verletzt die Grenze, die Distanz. Es ist beschämend und überaus unvernünftig, doch keineswegs völlig sinnwidrig, und es ist auch nicht nur die übliche Entgleisung eines schlechthin zügellosen Menschen. Eben weil sich Tasso am Hof gescheitert und verkannt glaubt, klammert er sich verzweifelt an die Prinzessin, an das einzige, was ihm bleibt. Die Erfahrung dieses Tages mit seinem Wechsel von Ruhm und Sturz hat ihm zum Bewußtsein gebracht, daß seine Existenz von schwankend-unbestimmter Wirklichkeit ist und wie ein blasser Mond dahinschwindet. In dieser Verzweiflung wird er taub für den Anruf, der Verzicht auf die Erfüllung der Liebe gebietet. Solcher Verzicht scheint ihm die Entwirklichung seines Daseins vollends zu bekräftigen, zu besiegeln. Er müßte für ihn bedeuten, daß auch diese Liebe wiederum nur Poesie würde, im Bereich eines unerträglich gewordenen scheinhaften Daseins verbliebe. So sieht er nicht die Möglichkeit, im Vollzug der Entsagung er selbst zu werden, in der Leistung des Verzichts sich menschlich zu verwirklichen« (Rasch S. 159).

Die Prinzessin oder Die Entsagende

Im allgemeinen wird die *Prinzessin* als die Gestalt in dem Drama angesehen, in der sich Goethes Prinzip der *Entsagung* verkörpere. Frühzeitig auf Grund ihrer körperlichen und seelischen Konstitution ans »*Entbehren*« (V. 842ff.; 1119ff.; 1726; 1773ff.; 1801ff.) gewöhnt, mache sie Entsagung zur Haltung dem Leben gegenüber und versuche auch, freilich vergeblich, Tasso zu dieser Haltung zu bringen (V. 1119ff.; 3266). *Rasch* sagt dazu (S. 153): »Der Tragödie des Dichters ist die Tragödie der Prinzessin zugeordnet und verstärkt die Intensität des tragischen Weltaspekts, der sich im ›Tasso‹ formt. Was die Prinzessin erfährt, ist die ›Disproportion‹ der Liebe mit dem Leben. Sie löst diesen Zwiespalt durch Entsagung, während ihm Tasso gewaltsam zu entgehen sucht.«

Wie Leonore Sanvitale die Liebe Tassos falsch deutet, so befindet sie sich auch bei ihrem Urteil über die Liebe der Prinzessin im Irrtum, wenn sie sagt:

> »Denn ihre Neigung zu dem werten Manne
> Ist ihren andern Leidenschaften gleich.
> Sie leuchten, wie der stille Schein des Monds
> Dem Wandrer spärlich auf dem Pfad zur Nacht:
> Sie wärmen nicht und gießen keine Lust
> Noch Lebensfreud' umher . . .« (V. 1954ff.).

Die Liebe der Prinzessin ist vielmehr echt und tief. Sie »bekundet sich in der Abwehr, im Ringen um Distanz, die Liebe Tassos äußert sich als Annäherung und zudringendes Bekennen. Aber in der abwehrenden Distanz der Prinzessin verbirgt sich der heimliche Wunsch nach Nähe und Gemeinsamkeit, während in Tassos Zudringen sich keine Scheu und Verhaltenheit mehr mischt. Das erzeugt die Disharmonie« (Rasch S. 153).

Ähnlich urteilt *Josef Kunz* (S. 448f.): »Die Prinzessin und Tasso sind im tiefsten verbunden, indem für beide der Eros – als Sehnsucht, die Armut der Gegenwart mit dem Reichtum des Wesens wieder zu versöhnen – das Lebenselement ist. Und doch scheidet sich die Prinzessin von Tasso, weil sie, im Gegensatz zu ihm, um die Unversöhntheit als das Gesetz dieser Stunde weiß. Während Tasso die Erfüllung erzwingen will, lebt die Prinzessin ganz aus dem Verzicht, und das in dem Drama so wichtige Motiv der Entsagung ist nicht anders zu deuten denn als Gehorsam diesem Gesetz gegenüber. Wenn für die Prinzessin dieser bedeutsam ist, so wurde er ihr einmal durch persönliche Erlebnisse nahegelegt, durch frühe Krankheit und durch die Erinnerung an das leidvolle Schicksal ihrer Mutter. Aber es ist offenbar, daß Erfahrungen dieser Art für sich allein nicht ausreichen, jenes Ausmaß der Resignation und der Verhaltenheit wirklich werden zu lassen, das für ihre Existenz entscheidend ist; Aussagen der ersten Szene des 2. Aktes machen es vielmehr wahrscheinlich, daß das persönliche Schicksal nur Einübung in ein allgemeineres und umfassenderes war: Geleitet durch das eigene, erkennt die Prinzessin die schicksalhafte Bestimmtheit der Zeit, in die sie wie Tasso hineingestellt ist. Wenn dieser die Entfremdung darin erfahren hat, daß die Wirklichkeit und die Sphäre des Handelns sich von der Sinnforderung abgelöst haben, so sieht die Prinzessin die Folgen mehr im Umkreis des persönlichen Verhaltens: sie sieht, daß nicht mehr die unmittelbare Einheit von Norm und Neigung das Leben der Menschen fügt und ihm Anmut verleiht, sondern daß das rechte Verhalten angesichts der Gebrochenheit dieser Zeit den Umweg über die objektiv institutionellen Normen suchen und sich mittelbar an ihnen orientieren muß.«

Emil Staiger (S. 406 f.) sagt zur Entsagung der Prinzessin: »Wer weiß noch, was dieses Wort (Entsagung – H. K.) bedeutet, das Goethe hier zum erstenmal umkreist und das im Alter seine letzte Weisheit bergen wird? Wir kennen Entsagung fast nur als Schmerz, als heimlich nagendes Bedauern. Doch eben solches Bedauern schließt das Goethesche Entsagen aus. Sogar der Ausdruck ›Schmerz‹ ist kaum mehr statthaft. Er verschwindet oder wandelt sich in eine Wehmut, die fast wohlig heißen darf. Denn stärker als die Trauer über den Verlust an Gütern, die nie unser werden können, bleibt der Trost, das Einverständnis mit dem heiligen Willen des Alls bewahren und so das schöne Leben retten zu dürfen, das Schöne, dessen Wesen vollendete Gegenwart und Befriedigung ist. Ergreifend und unauffällig ist dies ausgesprochen in jenem ›Gern‹, das immer wieder über die Lippen der Prinzessin geht und ihre an den Rändern umwölkte, im Mittelgrund wunderbar heitere Stimmung bezeichnet:

>›Ich folge gern, denn mir wird leicht zu folgen . . .
>Ich höre gern dem Streit der Klugen zu . . .
>Hier bin ich gern, und gerne mag ich bleiben . . .
>Was ich besitze, mag ich gern bewahren . . .‹

Es ist, als meine die Frau, die so spricht, zur Heiterkeit der Seele vor dem ewigen Gott verpflichtet zu sein und dennoch wieder für dieses Geschenk dem ewig Waltenden danken zu müssen – eine wahrhaft fromme, sich schon dem Heiligen nähernde Haltung, die der Reinheit Iphigeniens gleichkommt und, wie diese, in weltlichem Raum, außerhalb christlicher Vorstellungen, gewisse Züge der pietistischen innigen Seelenkunst bewahrt.«

Andere Interpreten beurteilen die Entsagungshaltung der Prinzessin weniger positiv. Berühmt ist *Hofmannsthals* Urteil, der sie eine »gouvernantenhafte, schöngeistige Hoheit« nennt (S. 216). *Ryan* urteilt über sie (S. 299): »Dieser Rückzug aus dem Leben ist zwar vom ›Entbehren‹ geprägt, ist aber wohl im vollen Sinne des Worts kaum als ›Entsagung‹ anzusprechen. Während sonst bei Goethe die ›Entsagung‹ einen Verzicht auf die unrealisierbare Fülle der Möglichkeiten zugunsten der Bindung an ein Begrenztes bedingt, die aber die tätige Mitwirkung an einem größeren Ganzen ermöglicht, geht die Prinzessin fast den entgegengesetzten Weg: ihre vermeintliche ›Entsagung‹ führt nicht ins Leben zurück, sie kommt vielmehr einer schwebenden Ungebundenheit, einer Verflüchtigung ihres Anteils am Leben zugunsten einer etwas gebrechlichen ›Reinheit‹ gleich. Das Entbehren wird zu einer sich selbst genießenden Trauer, es geht in eine innere ›Harmonie‹ über, die jeder Anfechtung durch den ›Wechsel‹ der Zeit entzogen werden soll. Handelt es sich bei der ›Entsagung‹ sonst zumeist um eine verengende, aber fruchtbare Beschränkung, so vermeidet die Prinzessin gerade eine solche Beschränkung zugunsten der kontemplativen Unwirklichkeit einer ›ästhetischen‹ Anschauung, die dem Ganzen des Lebens zugewandt ist, aber eine eigentliche Teilnahme an diesem ausschließt. Mit anderen Worten: während der Entsagende ›alles‹ tut, ›wenn er eins tut‹, weil er ›in dem einen, was er recht tut‹, das ›Gleichnis von allem‹ sieht, ›was recht getan wird‹, will die Prinzessin ein Ganzes ›genießen‹, ohne etwas zu ›tun‹. Wenn das Wort Goethes zutrifft, daß ›wer lebt, . . . auf Wechsel gefaßt sein‹ muß, dann ›lebt‹ die Prinzessin eigentlich nicht, sie hat sich in einen Bereich der Innerlichkeit zurückgezogen, wo sie nur noch eine Art Schattendasein führt.«

Gegen Ryans Auffassung polemisiert ausdrücklich *Marie-Luise Waldeck*, die ihm vorwirft, er stütze sich bei seinem Urteil über die Prinzessin ausschließlich auf deren Gespräch mit Leonore im dritten Aufzug. Betrachte man ihre Rolle im ganzen, müsse man zu einer anderen Ansicht gelangen: »As to her not being able to participate in the real world, the play contains a good deal of evidence to the contrary. Much of her advice to Tasso, as well as her defence of him to Alfons at the beginning of the play, is very sound advice about personal relationships and the tolerance that must be shown *vis-à-vis* other human beings. And there is a lot of emphasis on how the Princess and her brother attract many friends, scholars, etc., to their court because of their nobility and culture. There is every suggestion that the Princess is very well able to fulfill her function as lady of the court and hostess« (S. 26f.).

Zu einem mehr negativen Urteil über das Verhalten der Prinzessin Tasso gegenüber gelangt auf Grund von Untersuchungen ihrer Wortwahl auch *Johannes Mantey* (S. 129f.): »Es sei nochmals daran erinnert, daß die Prinzessin sich nach Tassos Streit mit Antonio der Fürsprache für ihn entzieht und ihm ihre teilnehmende Sorge vorenthält, letztlich um ihr empfindliches Selbstgefühl zu schonen und ohne danach zu fragen, wie ein solches Verhalten auf sein labiles und reizbares Gemüt wirken muß. Aber auch wo es um ihre Liebe zu Tasso geht, trägt ihr Handeln eher einen Zug der Selbstigkeit, als den der hingabebereiten, auf das Wohl und den seelischen Frieden des anderen bedachten Sorge. Davon zeugt die Art, in der sie Tasso nach seinem ebenso entschiedenen wie verhaltenen Liebesbekenntnis durch ihre halbverschleierten und unbestimmt-lockenden Worte zu einer Aufwallung seines Gefühls erregt – statt ihm durch ein Gegenbekenntnis von gleicher Verhaltenheit und Bestimmtheit die Ruhe seines Gemütes zu bewahren – und ihn dann in seine Schranken zurückweist. Diese Handlungsweise ist nicht anders zu erklären, als daß sie Tassos Gefühl nach dem Bedürfnis ihres Herzens stimulieren und drosseln möchte, ohne doch das Bedürfnis seines Herzens recht empfinden zu wollen. Und auch in dem anderen Zwiegespräch mit Tasso zeigt die Prinzessin diese wenig einfühlende, ja zunächst fast mitleidlose und in erster Linie auf die Ruhe des eigenen

Gemütes bedachte Art, indem sie den gequälten Tasso noch weiterhin vexiert, ihm eine klare und beruhigende Stellungnahme vorenthält und die Last der Erklärung und Entscheidung ihm zuschiebt. Zwar im Endergebnis möchte sie Tasso halten und trifft dadurch mit seinen Wünschen zusammen, aber sie möchte es auf eine für sie selbst möglichst schonende, ihr Peinlichkeit und Verantwortung ersparende Weise, ohne Rücksicht darauf, daß Tasso in seiner prekären Lage viel eher der zartfühlenden Schonung bedürfte.«

An anderer Stelle sagt Mantey (S. 136): »Auch sie, die dazu berufen wäre, weil Tasso ihr bedingungslos vertraut, stellt kein offenes und freimütiges Verhältnis von Mensch zu Mensch zu ihm her, in dem auch die Liebe einen möglichen Platz finden könnte, sondern möchte, daß er allein sich ihr öffne, während sie selbst sich den Rückzug hinter die Schanze der gesellschaftlichen Distanz stets freizuhalten sucht. Und während Tasso sich ihrer Leitung völlig unterwirft und jedes ihrer Worte zur Richtschnur seines Handelns zu machen bestrebt ist, greift die Prinzessin ihre erzieherische Aufgabe nicht mit wirklichem letzten Ernst an, sondern fast wie eine noble Liebhaberei, die schnell in Vergessenheit gerät, sobald das Bedürfnis ihres Herzens in Rede steht. Diese beiden Momente in ihrem Zusammenwirken sind es, die Tasso zum Verhängnis werden; denn in seinem grenzenlosen Vertrauen durchschaut er nicht die Doppelbödigkeit ihres Verhaltens und bemerkt nicht die Vorbehalte, die mit ihren Worten verknüpft sind. Nur so ist es möglich, daß er in seinem Urteil über die Gesinnungen der Prinzessin so verhängnisvoll getäuscht wird. Während er gegenüber den anderen Menschen seines Lebenskreises durch sein Mißtrauen und seine Reserve vor einer ihn im Tiefsten treffenden Verletzung geschützt ist, glaubt er der Prinzessin sein Innerstes bloßlegen zu dürfen und empfängt den vernichtenden Stoß.«

Das Symbol des Lorbeerkranzes

Wiederholung und Variation – eines der Stilmittel klassischer Kunst – wird von Goethe immer wieder souverän angewandt, so auch im »Torquato Tasso«. Symbolik, vor allem in Goethes Alterswerk reich entfaltet, ist ein tragendes Säulenwerk der Architektur Goethescher Dichtungen.

Das Symbol des *Lorbeerkranzes* kehrt in dem Schauspiel, jeweils mit verwandeltem Sinn, immer wieder. Die Bedeutung dieses Symbols hat *Wolfdietrich Rasch* zuerst erkannt und beschrieben: »Alles Geschehen des Dramas, insbesondere auch Tassos Zusammenstoß mit Antonio und seine Bestrafung, der spannungsreiche Vorgang des zweiten Aktes, ist eng bezogen auf die Bekränzungsszene im ersten Akt und wird in seinem genauen Sinn erst durch diesen Zusammenhang erschließbar. In dieser Szene (I, 3) erklingen zum erstenmal die Grundmotive des ganzen Spiels, und die Gestalt des Dichters Tasso tritt hier so hervor, wie sie während des Dramas gesehen werden muß. Ihr Erscheinen ist exponierend vorbereitet durch das einleitende Gespräch der beiden Frauen und ihr Dreigespräch mit dem Herzog, das den von den Freundinnen zunächst leicht ins Helle gezeichneten Umrißlinien der Figur Tassos ein paar dunklere Schatten hinzufügt« (S. 104).

»Für die Hofgesellschaft ist diese Bekränzung ein ›stilvoller Akt der Repräsentation‹ (Benno von Wiese), eine improvisierte Ehrung durch dekorative Zeichengebung. Sie ist durchaus nicht von der Unverbindlichkeit etwa eines Schäferspiels; denn die höfische Existenz ist wesenhaft repräsentativ, das äußere Zeichen ist im Bereich der höfischen Welt bedeutungsvoll als versichtbarte Gunst und Ehre. Aber das Zeichen empfängt diese Bedeutung von der fürstlichen Macht, es gewinnt seine Geltung durch die hinter ihm stehende Gesellschaft. Für Tasso jedoch ist der Lorbeer ein Ursymbol, dessen Bedeutungsfülle aus ganz anderen Bereichen stammt. Es ist der Zweig, der Apollo heilig war und die größten Dichter und Sänger auszeichnete. In ihre Reihe muß der mit Lorbeer Bekränzte einrücken. ›Es ist zu viel‹. Zugleich gilt der Lorbeer als Zeichen des Helden, als Schmuck des Triumphators im augusteischen Rom. Auch darum scheint er ›zu viel‹.... Tasso bedrückt dieser Kranz, der das Erreichen des höchsten Zieles bedeutet, auch deshalb, weil sein schöpferisches Dasein in der Spannung zu einem Unerreichbaren lebt und dadurch seine Kräfte steigert....(Er) kann den Lorbeerkranz nicht so glatt und selbstverständlich hinnehmen wie irgendein anderes dekoratives Zeichen höfischer Gunst. Das Symbol des Lorbeers transzendiert die höfische Wirklichkeit, es gehört in Tassos eigentliche, in seine dichterische Welt. Bei der Berührung mit dem Lorbeer wird diese Welt plötzlich gegenwärtig, und es erscheint die Kluft, die sie von der höfisch-gesellschaftlichen Wirklichkeit scheidet.... Die letzte entscheidende Fremdheit zwischen dem Dichter und der Gesellschaft wird sichtbar nicht am verschiedenen Verhältnis zur sittlichen Konvention, sondern am verschiedenen Verhältnis zum Symbol des Lorbeers. Das ist, in ihrem Anfang, der dichterische Sinn der Bekränzungsszene.... Die Auszeichnung mit dem Lorbeer besiegelt auch die Fremdheit seines Trägers unter den Menschen, seine Absonderung, genau wie das Talent selbst, das ihn auszeichnet, ihn zugleich absondert...« (S. 105f.).

»Die Bedeutung dieses Symbols reicht weit über die Bekränzungsszene hinaus. Der Lorbeer ist ein zentrales Symbol der gesamten Tasso-Dichtung, ein wesentliches Element der dichterischen Formung. Es spricht ihren Sinn aus, freilich in der Weise des Symbols, das immer zugleich offenbart und verhüllt...« (S. 107).

»Das Lorbeersymbol, eng verflochten mit dem dramatischen Vorgang, erscheint immer wieder in seinen entscheidenden Momenten. Der Lorbeer ist das erste, worauf beim Aufgehen des Vorhangs der Blick gerichtet wird. Die Prinzessin windet in dieser Eingangsszene den Kranz aus Lorbeerzweigen. Die Gräfin, mit ihrem Blumenkranz beschäftigt, setzt das Gewinde der Freundin in eine innere Verbindung mit ihrem Wesen:

›Du hast mit höherm Sinn und größerm Herzen
Den zarten, schlanken Lorbeer dir gewählt.‹

Als Symbol für das Wesen der Prinzessin wird hier, in den Anfangsversen der Dichtung, der Lorbeer ausgelegt. Später erscheint er, auf andere Weise, Tasso innerlich zugehörig. So drückt sich in der dichterischen Sinnbildsprache Tassos innere Verbundenheit mit der Prinzessin aus. Zunächst aber schmückt die Prinzessin mit dem Kranz die Herme Vergils – damit wird ein neuer Bezug geschaffen zwischen dem großen Dichter des Altertums, der die Weltdichtung repräsentiert, und Tasso, auf dessen Stirn der Kranz später vom Haupte Vergils hinüberwandert. Der Herzog, der nicht weiß, von wessen Hand der Kranz stammt, gibt der Prinzessin den Wink, Tasso damit zu schmücken. Vergil, die Prinzessin und Tasso sind so im Kranz verbunden« (S. 107).

».. . Antonio – er am entschiedensten – sieht nur die höfische Ehrung, die fürstliche Gnade in diesem Kranz, und er findet die Belohnung ›unmäßig‹. Der Mann des praktischen Handelns sieht nur im tätigen Wirken jenes höchste Verdienst, das des Lorbeers würdig ist. Er lobt die Gräfin, die Ariosts Herme mit dem Blumenkranz schmückte. ›Er ziert ihn schön, / Als ihn der Lorbeer selbst nicht zieren würde.‹ Der Blumenkranz, nicht durch die Tradition des heroischen Siegeszeichens geweiht, kommt dem Dichter zu, der, wie Ariost es vorbildlich tat, seine Aufgabe erfüllt im heiter-erholsamen Spiel der Phantasie, das den Tätigen erquickt« (S. 107 f.).

»So sind im Gegensymbol des Blumenkranzes Ariost, die Gräfin und Antonio verbunden, wie Vergil, die Prinzessin und Tasso im Lorbeer . . .« (S. 108).

»Der fundamentale Gegensatz zwischen beiden (Antonio und Tasso – H. K.), in dem das Grundthema der Dichtung sich manifestiert, zeichnet sich im verschiedenen Verhältnis zum Sinnbild des Lorbeers am schärfsten ab. Ihm gerade gilt Antonios Spott, also zuletzt der Dichtung überhaupt, die ihm als solche des Lorbeers nicht würdig scheint. Er zielt nicht eigentlich auf Tassos individuelles Werk, das er gar nicht kennt. Er kann nicht wissen, ob ihm ein Dichter von der Größe Vergils gegenübersteht. Aber danach fragt er nicht. Lorbeer um das Haupt eines Dichters scheint ihm in jedem Fall Anmaßung. Tasso hingegen fühlt sich mit seinem Kranz als derzeitiger Träger jener von den Göttern verliehenen Dichtergabe, die den alten großen Sängern, Homer und Vergil, zugeteilt war und die immer wieder verliehen werden kann . . .« (S. 109).

»Der sichtbare Kranz ist mit dem Ende des zweiten Aktes verschwunden, aber das Lorbeersymbol bleibt in der dichterischen Formung noch wirksam. Es wird im dritten Akt (vierte Szene) von Antonio und der Gräfin Sanvitale gedeutet. Für Antonio ist er ein Schatz, den man ›allein dem Hochverdienten‹ gönnt, während man ›die Gunst der Frauen‹ auch mit dem Höchstverdienten nicht teilt. Hier ist der Lorbeer den tätigen Verdiensten vorbehalten und nur noch Zeichen des Erfolges, dekorativer Lohn für reale Dienste. Die Gräfin, mit Antonio in manchem Betracht verwandt, doch auch Tasso näher verbunden als er und bestrebt, ihn für sich zu gewinnen, möchte zwischen beiden vermitteln. Sie versucht das durch eine vermittelnde Deutung des Lorbeers. Sie gibt Antonio recht in seiner Auffassung,

daß des Dichters Verdienst nicht ›wirkend‹ und ›lebendig‹ ist, wie das des Staatsmannes, dessen Lohn darum auch ›wirklich und lebendig‹ sein müsse.
›Dein Lorbeer ist das fürstliche Vertrauen‹«(S.110).

»Der Lorbeer, den der Dichter erntet, sei doch ›nur ein Phantom von Gunst
und Ehre‹ (V.2047f.) und darum gerade dem Dichter gemäß. Das kommt
Antonios Auffassung sehr nahe, er hat, allerdings mit aggressivem Spott, zu Tasso
ungefähr das gleiche gesagt. Daß er es ihm *sagte*, bereut er. Doch noch immer
sieht er im Kranz des Dichters einen Mißbrauch des Lorbeers. Das möchte die
Gräfin widerlegen. Der Lorbeer sei für des Dichters Mühe ein ›bescheidener
Lohn‹:

> ›Denn ein Verdienst, das außerirdisch ist,
> Das in den Lüften schwebt, in Tönen nur,
> In leichten Bildern unsern Geist umgaukelt,
> Es wird denn auch mit einem schönen Bilde,
> Mit einem holden Zeichen nur belohnt;
> Und wenn er selbst die Erde kaum berührt,
> Berührt der höchste Lohn ihm kaum das Haupt.
> Ein unfruchtbarer Zweig ist das Geschenk,
> Das der Verehrer unfruchtbare Neigung
> Ihm gerne bringt, damit sie einer Schuld
> Aufs leicht'ste sich entlade.‹

Die schönen Verse dieser Meditation über den Dichterlorbeer spiegeln Anmut
und Geist der Gräfin, aber auch die Grenzen ihres Wesens. Es ist die ›moderne‹,
ganz weltlich gesellschaftliche Bewertung des Lorbeers. Er ist hier ein durch
Konvention zum Sinnbild gemachtes Zeichen für ein liebenswürdiges, doch
außerirdisches, irreales Verdienst, ein unterhaltendes Phantasiespiel, das uns
›umgaukelt‹; darum ist dieser Zweig gewichtlos und ›unfruchtbar‹ wie dieses
poetische Spiel selbst. Etwas vom Wesen der Poesie, das auch Goethe teuer war
und durchaus nicht verächtlich, wird in dieser Deutung ergriffen, jedoch nicht
das Ganze und nicht das Höchste, nicht die Wahrheit, die sich im Bilde aus-
spricht und die wirksam und fruchtbar ist...«(S. 110f.).
»Der Herzog ... spricht auch von diesem Sinnbild, als er Tasso den Kranz
reichen läßt, und er bekundet dabei seine ausgleichende Haltung, die jedes Verdienst als vollgültig zu würdigen trachtet (V.459ff.). Er nennt den Lorbeer

> ›Das schöne Zeichen, das den Dichter ehrt,
> Das selbst der Held, der seiner stets bedarf,
> Ihm ohne Neid ums Haupt gewunden sieht.‹«(S. 111).

»Die Gräfin aber weiß doch noch etwas mehr vom Lorbeer, als sie in den bisher
angeführten Worten sagt. Sie begrenzt seine Bedeutung auf das ›unfruchtbare‹

Zeichen für gewichtlose Verdienste, aber sie weiß, daß diese Begrenzung für den Dichter Leiden bedeutet, daß sein Werk und sein Ruhm mit Leiden erkauft sind. So fährt sie an jener Stelle (V. 2035 ff.) fort:

> ›..........Du mißgönnst
> Dem Bild des Märtyrers den goldnen Schein
> Ums kahle Haupt wohl schwerlich; und gewiß,
> Der Lorbeerkranz ist, wo er dir erscheint,
> Ein Zeichen mehr des Leidens als des Glücks.‹

Das Lorbeer-Symbol entfaltet sich in einem weiten Feld von Bedeutungen und bildet hier eine neue Sinnbeziehung durch die Verbindung mit dem Nimbus des Märtyrers. Die Verknüpfung des Lorbeers mit dem Degen, um den Tasso den Kranz schlingt, verbindet den Dichter mit dem Helden; die Verbindung mit dem Märtyrer-Nimbus läßt den Dichter in den Heiligen übergehen...« (S. 111 f.).

»Das Lorbeer-Symbol hat jede Situation Tassos auf seine Weise bezeichnet: Ruhm und Sturz, liebendes Verstandensein und geringschätziges oder unkundiges Verkanntsein, Würde und Not, Schuld und Leiden. In der nächtig-dunklen Verzweiflung des Schlusses dient es zum Ausdruck hilfloser, verzerrender Umdeutung dessen, was dem Dichter geschah und was ihm für einen Augenblick – aus dem er sogleich zur klarsten Einsicht erwacht – als feindlich und böse erscheint (V. 3311–3314):

> ›So seh ich mich am Ende denn verbannt,
> Verstoßen und verbannt als Bettler hier!
> So hat man mich bekränzt, um mich geschmückt
> Als Opfertier vor den Altar zu führen!‹

Der Lorbeerkranz als Kranz der Opfertiere – dies ist der letzte in der Reihe der Aspekte, die dieses Sinnbild durchläuft« (S. 113).

Tragik, Schuld und Katharsis

Goethe hat das Werk ein »*Schauspiel*« genannt und damit die Frage, ob das Schicksal Tassos als *tragisch* anzusehen ist, offengelassen. *Liselotte Blumenthal* ist auf Grund einer Untersuchung der Bühnenbearbeitung des Werkes durch Goethe (2) zu der Ansicht gelangt, daß der Dichter das Bühnenstück nicht als Tragödie aufgefaßt wissen wollte: »Daß der Ausgang des Stückes, der unverändert blieb, nicht als Katastrophe wirkte, scheint allgemeiner Eindruck gewesen zu sein, und dahin zielte wohl auch Goethes Absicht« (2 S. 210).

Die »Tasso«-Interpreten haben die Frage, ob das Werk eine Tragödie sei, immer wieder erörtert und zu diesem Problem sehr unterschiedliche Ansichten geäußert. Einen Katalog dieser kontroversen Interpretationen bietet *Nahler* (S. 294f.). Einige Ansichten neuerer Interpreten seien im folgenden aufgeführt. *Benno v. Wiese* begreift die dichterische Existenz als solche als tragisch (2 S. 95f.): »›Tasso‹ ist *eine monologische Tragödie, die ein tragisches Selbstgespräch durch begleitende Stimmen untermalt.* Alle diese begleitenden Stimmen in diesem nach Art eines Kammerspiels durchgeführten Konzert, in dem der klingende Ball des Gesprächs gleichsam von einem zum anderen geworfen wird, sind nicht Gegenspieler, die im Sinne dramatischer Aktion oder Gegenaktion mit dem ›Helden‹ zusammenstoßen, sondern Figuren, Spiegelbilder seiner Seele, die er in die Einsamkeit seines Monologs in Liebe und Haß anteilnehmend hereinzieht und ins Dichterische umdeutet, die aber zugleich ihre eigene, davon ganz unabhängige Wirklichkeit besitzen, die sich dem Dichter versagt. Kommt es darauf an, ob und wieweit dieses Eigendasein der Gestalten dem Dichter freundlich oder feindlich gesinnt ist, zumal das Begünstigende, Holde, Fördernde hier durchaus überwiegt? Bereits die bloße Tatsache dieses Eigendaseins wird für den Dichter zu einem zerstörerischen Element, so daß im Augenblicke der erkannten ›Disproportion‹ des ›Talents‹ zum ›Leben‹, um Goethes eigene Worte zu gebrauchen, die schon vom Ursprung an tragische Situation des Dichters sich enthüllt. Das ist nicht nur in Ferrara so, sondern wird überall und immer so sein, und gerade darin liegt die ergreifend notwendige Aussage des ›Tasso‹, daß sie die *dichterische Existenz als tragische Existenz* begreift.«

Für *Korff* liegt die Tragik Tassos in seiner *Schuld* begründet. Er sagt (S. 174ff.): »Tassos Schuld ... besteht darin, daß er dasjenige verabsäumt hat zu tun, was Goethe selbst in seiner weimarischen Frühzeit mit höchster Selbstüberwindung geleistet hat: den inneren Zugang zu der Gesetzlichkeit der Welt zu finden und diese höhere Gesetzlichkeit zum Gesetz seines eigenen Lebens zu machen. Sie äußert sich einmal in jener *künstlerischen Weltfremdheit,* auf die sich Künstler dieser Art so gern etwas zugute tun und die so gern auch in ein meistens wenig angebrachtes Überlegenheitsgefühl gegen die Gesellschaft überzugehen pflegt, zum anderen aber in der *Unvernunft des Gefühlslebens,* das mit erschreckender Kritik- und Haltlosigkeit von einem Extrem zum andern umschlägt und bei der völligen Eingeschlossenheit in sich selbst keinerlei Grenzen sieht, die ihm das Feingefühl für das Gefühlsleben der anderen setzen müßte. Beides aber beruht letzten Endes auf jenem typischen *Mangel an gutem Willen, sich durch die Welt erziehen zu lassen,* der den Nur-Künstler auszuzeichnen pflegt und ihn dazu verdammt, ein um seiner außergewöhnlichen Gaben willen zwar verzogener, menschlich aber exzentrischer und darum nicht für voll genommener Phantast zu bleiben. Und das ist Goethes Meinung: so wenig wie ein anderer Mensch ist der Künstler der Verpflichtung zu geistig-sittlicher Bildung überhoben; ja er ist kraft seines Anspruchs, mehr als der gewöhnliche Mensch zu sein, so sehr dazu verpflichtet, daß sein Künstlertum überhaupt erst dann eine höhere Weihe und wahren Wert empfängt, wenn es auf einem tief inneren Einverständnis mit der Welt und ihrer Gesetzlichkeit beruht .... In dieser Sachlage sieht Goethe freilich eine tiefe Tragik, und diese tragische Beleuchtung erst gibt der Tasso-Dichtung ihre erschütternde Kraft .... Darin liegt nun die weitere Tragik, daß *Genialität und Humanität*, Schöpfungskraft und Gestaltungskraft bis zum gewissen Grade *Antinomien* sind, die zu verbinden nur den allergrößten Genien der Menschheit vorbehalten ist, und daß es also geradezu die Bedingung jedes Künstlertums ist, was Tasso hier als Mangel angerechnet wird: die Reizbarkeit des Gefühls, das Übermaß der Phantasie, das leidenschaftliche Temperament. Es ist eben nicht zufällig, sondern bis zum gewissen Grade notwendig, daß Künstler erfahrungsgemäß ein exzentrisches Wesen haben. Sie sind durch ihre Mission dämonischen Kräften unterworfen, die ihrer Natur nach der Ordnung widerstreben, zum mindesten sehr viel schwerer zu lenken sind als die Kaltblütler der bürgerlichen Gesellschaft. Und das ist allerdings in hohem Maße tragisch, daß über dem Tempel des Höchsten, was der Mensch erreichen kann und soll, der sittlichen Humanität, auch insofern die Forderung der Entsagung steht, als der Mensch, der dieses Höchste erreichen will, es nur erreichen kann unter teilweiser Opferung von menschlichen Werten, die wir als hohe Werte anzuerkennen nicht umhin können. *Daß das Genie sich beschränken muß, damit Humanität entstehe:* das ist es, was wir in Tassos Schicksal tragisch ahnen und in Goethes Leben vor uns sehen.... *Die Tragödie besteht in dem Vernichtungsurteil, das diejenigen zuletzt über Tasso fällen müssen, die Tasso selbst als Richter seines Menschenwertes anerkennt.*«

Auch *Kunz* (S. 449) stellt eine Schuld Tassos fest: »Wenn man ... von Tassos Schuld sprechen will, dann besteht sie ... vor allem darin, daß er im Gegensatz zur Prinzessin die Ordnung dieser Stunde mißversteht, d. h. daß er die mythische Einheit von Geist und Tat wiederherstellen möchte in einer Zeit, die wesenhaft im Zeichen der Getrenntheit steht.«

Nahler (S. 294) spricht von einer »Tragik der Unvereinbarkeit von Ideal und Wirklichkeit«. *Staiger* (S. 424) läßt Tasso total *scheitern:* »›Scheitern‹ – das ist das letzte Wort. Darüber denke man nicht hinaus und erfinde nicht eine Versöhnung hinzu, die nirgends angedeutet ist.« *Rasch* (S. 170) verleiht der Art des Scheiterns einen besonderen Akzent: »Das letzte Wort heißt ›scheitern‹, und es ist nur zu fragen, ob dieses Scheitern und die Art, in der es sich vollzieht, tragisch ist und tragische Erschütterung bewirkt. Der Schluß zeigt nicht einen markanten, aktuellen tragischen Vollzug, sondern gleichsam eine durative Form des Tragischen, die sich in der Bewußtseinslage Tassos realisiert, als Innewerden des unaufhebbaren Zwiespalts zwischen Dichter und Welt, der unausgleichbaren Disproportion des von den Göttern zugeteilten Talents mit dem Leben.«

Elizabeth M. Wilkinson (1 S. 212f.) läßt Tasso zwar auch tragisch scheitern, ihn aber eine *Katharsis* erfahren: »Das Stück deutet nirgends an, daß Tasso sich irgendwelche Vorzüge des Antonio zu eigen macht. Er bleibt Tasso bis zum Ende.

Gewiß, er erlebt eine Katharsis. Aber eine solche Katharsis braucht noch nicht eine Umbildung seines Charakters zu bedeuten. Es mag durchaus sein, daß er wiederum bis auf den Grund erschüttert, daß er noch einmal in die gleichen oder noch dunklere Tiefen gestoßen wird und in seiner Not nichts als die Macht des Gesanges findet. Anders als die des Orest ist Tassos Katharsis wesentlich die des Künstlers. Mit seinem Dichterauge ist er in das Innerste seines Wesens gedrungen, und er vermag diese Selbsterkenntnis dichterisch auszusagen. In diesem Sinne durchdringen sich Kunst und Einsicht, und das wird ihn wohl zu einem noch größeren Künstler als bisher machen. Ob es ihn zu einem besseren Menschen machen, ob es sein Alltagsleben beeinflussen wird, das ist eine Frage, die nicht einmal aufgeworfen wird. – Tasso erfährt eine Katharsis. Damit soll nicht gesagt werden, daß die Tragödie gemildert würde. Ihr Stachel bleibt, für uns wie für ihn. An den tragischen Umständen ändert sich nichts. Ob die Prinzessin nun zurückkehren wird oder nicht, so wie früher wird es nie wieder sein. Etwas Wertvolles ist unwiederbringlich verloren gegangen. Verloren durch seine Schuld und, was noch schmerzlicher berühren muß, durch sein Schicksal. Sein Scheitern ist und bleibt ein vollständiges. Er ist der Vernichtung nahe genug gewesen, um ihre Schrecken zu ermessen, und diese Erkenntnis wird ihn nie verlassen. Das einzige, was geändert wird, ist seine Haltung den tragischen Umständen gegenüber: eine qualitative Verwandlung also, keine substantielle.«

Ryan verleiht der Tragik Tassos einen *dialektischen* und *dynamischen* Akzent: »Es handelt sich um einen Weltverlust der Dichtung im Übergang zu einer neuen Epoche. Tragisch ist daher nicht der Untergang als solcher, sondern es gehört dazu auch die Geburt eines ›Neuindividuellen‹, das des Untergehenden verlustig geht, dafür aber geläutert, sich in neuer Bewußtheit fassend, aus diesem Untergang hervorgeht« (S. 317).

Neumann läßt das Drama nicht »als Katastrophe eines Individuums, sondern mit dem Einbezug dieses – freilich entsagenden – Individuums in eine Grundpolarität« enden, »ohne daß dieses zerstört würde« (S. 153). Die Polarität von Ruhe und Bewegung werde in dem »›emblematischen‹ Charakter der Schlußszene« (S. 154), in deren letztem Bild das Landschaftlich-Räumliche der ersten Szene, aber auch das Verhältnis von Individuum und Gesellschaft »in das Geistig-Bedeutende geläutert« werde (a.a.O.), harmonisiert und vollende die Symmetrie eines geistigen und sinnlichen Kosmos, eine »tragische Idylle«. »Dieses Resultat scheint die Meinung, im ›Torquato Tasso‹ handele es sich um einen ›tragischen‹ Schluß, nicht zu bestätigen« (S. 156).

Zur sprachlichen Gestaltung

Eine ausführliche Darstellung der *sprachlichen Gestaltung* des »Tasso« hat unter Verwertung älterer Untersuchungen *Johannes Mantey* in seiner Berliner Dissertation 1959 vorgelegt. Weitere Beiträge zur Untersuchung der Sprache haben 1954 *Butzlaff*, 1965 *Neumann* und 1972 *Boulby* geliefert.

Mantey untersucht im ersten Teil seiner Arbeit »die sprachlichen Inhalte« (Semantik), im zweiten Teil »die sprachliche Form« (grammatische Strukturen). Dabei zieht er immer wieder Vergleiche zu der in der gleichen Schaffensepoche Goethes entstandenen »Iphigenie auf Tauris«.

In seiner semantischen Untersuchung nimmt Mantey zahlreiche, im Text immer wiederkehrende Wörter zum Gegenstand (z. B. »Gott«, »Glück«, »Natur«, »Welt«, »Genuß«, »Entbehren«, »Verdienst«, »Ruhm«, »groß«, »edel«, »gut«, »klug«, »Mäßigung«, »Freiheit«, »still«, »bescheiden«, »Seele«, »Herz«, »Gemüt«, »Geist«, »Sinn«, »Gefühl«, »Schmerz«, »Leid«, »Geduld« u.a.m.).

Beispielhaft seien hier Manteys zusammenfassende Ausführungen zu den Schlüsselbegriffen *Glück, Freiheit, Herz* und *Seele* zitiert. Das Wort *»Glück«* kehrt im Text an zahlreichen Stellen wieder; es wird von Tasso, der Prinzessin und Alphons gebraucht (Verse 84, 99, 115, 407, 510, 528, 531, 579, 679, 694, 891, 931, 1069, 1117, 1129, 1136 f., 1189, 1291, 1306, 1310, 1377, 1574, 1710, 1779, 1813, 1881, 1896, 1912, 1929, 1936, 2039, 2218, 2323, 2383, 2507, 2673, 2782, 2933, 2965, 3004, 3131, 3258, 3269, 3278, 3368). »Glück«, so stellt Mantey fest, bezeichne in Verbindungen wie »das eigensinnige Glück« (V. 407) oder »das wilde Glück« (V. 2218) »ein Gefühl des Ausgeliefertseins an die Wechselfälle des Lebensgeschicks« (S. 14); andererseits durchziehe das Wort »mit seinen mannigfaltig variierten Bedeutungen ›Zustand der Beglückung‹, ›Lebensglück‹, ›Erfolg und Gelingen‹ in dichter Folge den ganzen Text« (S. 15). Zusammenfassend stellt Mantey fest (S. 20): »Das für die Frage des Sprachstils Wesentliche aber ist, daß diese Momente im Wortgebrauch nicht nur an den entscheidenden Stellen der Handlung, wo sie unmittelbar in Rede stehen, ihre Wirksamkeit entfalten, sondern daß sie als immer wiederkehrende Motive den Text durchziehen, unvermerkt die Denkart der handelnden Menschen vergegenwärtigen und eine auf die Ereignisse sinnvoll bezogene Atmosphäre schaffen. Von erhöhter Bedeutung im Hinblick auf das Ganze der Dichtung ist dabei das Motiv des tyrannischen Glücks, dem sich der Mensch ausgeliefert fühlt; denn diese Situation des Ausgeliefertseins ist besonders bedrohlich für Tasso, den Heimatlosen, Vertriebenen.«

Auf die Zweideutigkeit des Schlüsselbegriffes *»Glück«* weist auch *Neumann* hin. Er stellt fest (S. 13), daß neben dieser Zweideutigkeit (besonders in der Szene I, 1) ganz versteckt »ein Spiel mit den Begriffen ›Sein – Scheinen‹« herläuft: »Erst scheinen sie beglückte Schäferinnen, dann sind sie auch wie die Glücklichen beschäftigt, doch wiederum nur beinahe und vergleichsweise. Diese scheinbar spielerische Dialogführung schafft eine Atmosphäre des Zwielichts, aus der plötzlich sich die Erscheinung der Doppelung (d. h. die Erscheinung der Doppelherme – H. K.) löst.«

Zum Begriff *»Freiheit«* sagt Mantey auf Grund seiner Untersuchungen (S. 52): »Wie dem Begriff der Sittlichkeit sinngemäß das Postulat der Mäßigung unterzuordnen ist, so ergibt sich aus dem Prinzip der Freiheit ein gegen Mäßigung und Sitte verstoßendes, gewaltsames und im Extremfalle rohes Verhalten.« (Vgl.

dazu die Verse 929, 1021 ff., 1348, 2305, 2375 u. a.). »*Sitte* und *Freiheit* bilden in diesem System die übergeordneten Prinzipien, denen auf der Seite des Verhaltens einerseits der Begriff der *Mäßigung* und andererseits die Begriffe *heftig, gewaltsam* und *roh* entsprechen. Das ganze Gefüge dieser Wörter aber ist als sprachlicher Niederschlag des die Handlung des ›Tasso‹ bestimmenden sittlichen Konfliktes aufzufassen« (S. 54).

Mantey vergleicht den Gebrauch der Wörter aus den Wortfeldern »*Herz*« und »*Seele*« in der »Iphigenie« und im »Tasso«. Er kommt zu dem Ergebnis: »Das bildhafte und die Gegenstände des Erlebens ganzheitlich erschauende Sprachdenken der ›Iphigenie‹ vergegenwärtigt ein Erlebnis aus der Tiefe der Seele heraus, das nicht scheidet und sondert, weil gleichsam die Kräfte der Seele noch nicht in die des Gemüts und die des Verstandes getrennt sind« (S. 182). »Demgegenüber erscheint im ›Tasso‹ das Vermögen der Seele wie auseinandergelegt in die Elemente ›Verstand‹ und ›Herz‹. . . . Hier, im Bereich der Sprachform, sind es zunächst das begriffliche Akumen und die gedankliche Überhelle einer hochentwickelten Verstandeskultur, die sich als Ausdruck der Wesensart der handelnden Personen der sprachlichen Form aufprägen, und deren physiognomischer Ausdrucksgehalt durch die metrischen Gestaltungen noch überhöht wird. Weiterhin wendet sich der Scharfsinn dieses disjunktiven Sprachdenkens . . . mit Vorliebe auch auf die eigenen Seelenzustände oder auf die Beziehung des eigenen Ich zu anderen Menschen und unterwirft diese Verhältnisse einer zergliederten Analyse. . . . Während in der ›Iphigenie‹ die großen und einfachen Gefühle das seelische Bild beherrschen, ist im ›Tasso‹ alles auf die komplizierte Problematik verwickelter psychologischer Konflikte gestellt, die mit geschärfter Bewußtheit erlebt und der zergliedernden Reflexion unterworfen werden« (S. 183). Als Beispiele stellt Mantey »Iphigenie« V. 1157–1167 »Tasso« V. 3234–3245 und »Iphigenie« V. 1000–1002 und V. 1114–1117 »Tasso« V. 1649–1656 gegenüber. Zusammenfassend sagt Mantey (S. 185): »Die Menschen der ›Iphigenie‹ fühlen sich abhängig von den Schicksalsmächten des antiken Mythus; was sie bedrängt und beglückt, nimmt in ihrem Erleben und in ihren Worten die Gestalten dieser Mächte an. Und dieses schauende Erleben einer beseelten Welt bleibt nicht auf den Gestaltenkreis des Mythus beschränkt, sondern alles, was die Seele berührt, wird aus der Tiefe des Gemütes heraus aufgefaßt und wird zum Bild. Dagegen sind die Personen des ›Tasso‹, Menschen eines individualistischen Lebenskreises, ganz auf ihr eigenes Ich gestellt. Sie fühlen sich nicht von objektiven Mächten getragen, sondern auf sich selbst zurückverwiesen. Ihr eigenes Ich und ihre Beziehungen zueinander werden ihnen zu Problemen, mit denen sie sich reflektierend auseinandersetzen. Die Wesenszüge der Sprachform in der ›Iphigenie‹ und im ›Tasso‹, die in den Ausführungen über Komplexion und Analyse der Sprachinhalte, bildhafte Schau und begriffliche Reflexion, getragenen und bewegten Redefluß hervorgehoben werden konnten, erweisen sich als Ausdruck zweier ganz verschiedener Grundhaltungen des seelischen Erlebens.«

Butzlaff untersucht als »Schlüsselwörter« des *»Werther«* und des *»Tasso« »Herz«* und *»Seele«* in ihrem unterschiedlichen Gebrauch und stellt fest, daß sich für Werther im Begriff »Herz«»Fülle und Leere des Daseins« und das pantheistische Naturgefühl des Sturm und Drang konzentriere (S. 97). Im häufigen Gebrauch der Wörter »Herz« und »Seele« durch Tasso lasse Goethe »viel von Werthers Charakter und Weltbild weiterleben«, aber anders als im subjektiven Briefroman relativiere er im Drama diese Gestalt durch die rationaleren Gegenspieler (S. 100).

Während für die »Iphigenie« der Gebrauch von Komposita von komplexerer Bedeutungsstruktur, die einer gehobenen poetischen Sprachebene angehören, charakteristisch ist, überwiegen im »Tasso« *gebräuchliche Zusammensetzungen.* »Insbesondere heben sich im ›Tasso‹ Komposita aus einer profanen Sprachschicht ... stark gegen den Wortgebrauch der ›Iphigenie‹ ab, auch wenn man von ihren spezifischen Inhalten absieht« (Mantey S. 151).

Bei seiner Untersuchung der *syntaktischen Formen* stellt *Mantey* erhebliche Unterschiede zwischen dem Sprachgebrauch im »Tasso« und in der »Iphigenie« fest. Während sich Goethe in der »Iphigenie« umfangreicherer verbaler Geflechte bedient, um das Geschehen als komplexe Ganzheit erscheinen zu lassen, findet man im »Tasso« die Neigung zur *analytischen Aufgliederung,* was der rationalen Denkweise der Hofwelt entspricht (Mantey S. 142f.; Beispiele: »Iphigenie« V. 581–584, »Tasso« V. 665–671). Im Gegensatz zur »Iphigenie« bevorzugt »die Sprache des ›Tasso‹ ... die spannungsfreie Nachstellung oder lockere Reihung der Attribute« (Mantey S. 147; Beispiele: »Tasso« V. 433; 837; 1164). Der Stil des »Tasso« ist oft geprägt durch Parallelismen und Antithesen, die in dem gefühlsstärkeren Fluidum der »Iphigenie« weitgehend fehlen. »Die gliedernd-explizierende Darlegung des Seins und Geschehens ... ist allenthalben im ›Tasso‹ zu beobachten« und kann als die grundlegende Eigenart seiner Sprachform bezeichnet werden« (S. 163; Beispiele: »Tasso« V. 2013ff.; 2025ff.). »Mit dem gliedernden Auseinanderlegen der Inhalte verbindet sich nun im ›Tasso‹ eine ausgeprägte Neigung zur begrifflichen Reflexion, während die Geflechte und Gefüge der ›Iphigenie‹ meist mit reichem Bildgehalt gefüllt sind« (S. 176). Tassos Rede schlage zuweilen vom bildhaften in den reflektierenden Ausdruck um (Beispiele: »Iphigenie« V. 749–755; »Tasso« V. 1888–1896; 2194–2203). Auch Verse werden durch Parallelismus und Antithese zusammengefaßt und nahezu strophisch untergliedert (S. 170; Beispiele: V. 503–507; 2483–2487; 3269–3273). In den Versen 159–172 ist ein Sonett deutlich zu erkennen. »Aus den angeführten Beispielen wird deutlich, daß Goethe im ›Tasso‹ nach strenger, den romanischen Formen verwandter metrischer Gestaltung strebt. Für die fehlende Reimbindung tritt umso straffere Sinnbindung durch Parallelismus und Antithese ein, und die Sätze decken sich mit den Verszeilen und Versparen. In ihren ausgeprägteren Formen nehmen diese Verssysteme im ›Tasso‹ fast eine ähnliche Stellung ein wie die freirhythmischen Partien der ›Iphigenie‹« (S. 173).

Die Dialoge des »Tasso« gehorchen, wie *Neumann* (S. 33ff.) ausgeführt hat, dem Gesetz *höfischer Konversation:* »Nur beiläufig und gefällig kommen die Dinge zur Sprache. Keiner insistiert auf seiner Meinung, zwanglos wird das Thema gewechselt« (S. 33f.). »Es entsprach den Gepflogenheiten der gebildeten Hofkreise, Themen der Liebe, der Kunst, der Philosophie oder Geschichte spielerisch im Gespräch zu behandeln« (S. 35 zu Szene I, 1). Zu der Kunst dieser Konversation gehörte die *Schmeichelei,* deren sich Leonore wiederholt bedient (z. B. V. 80–103; 2241ff.), ebenso wie die feine *Ironie.* Kennzeichen der Gesprächskultur ist das *Assoziative,* das in der Szene I, 1 besonders deutlich zutage tritt. »Das Spielerische der Konversation, das Nicht-ganz-Ernstnehmen einerseits, die lächelnde Verstellung andererseits sind Kennzeichen einer aristokratischen Gesprächskultur« (S. 44). Die *Klassizität* der Sprache des »Tasso« ergibt sich daher nicht nur aus einem Epochenstil, dessen sich Goethe hier bedient, oder aus der Anlehnung an antike oder französisch-klassizistische Muster, sondern aus der Vermeidung der individuellen Expression durch die Mitglieder dieser höfischen Welt. Die Figuren sind »durch ihre Sprache kaum geschieden ... Sie alle sprechen fast das gleiche, hochentwickelte, durchdachte, blaß-sinnliche Idiom. Dieses besitzt feste, syntaktische Grundlagen, ein Repertoire an Wendungen, eine beschränkte Anzahl an wiederkehrenden Begriffen« (S. 143).

Aus diesem Sprachgestus fällt zeitweilig die *Prinzessin,* fast durchweg *Tasso* heraus. Tasso ist – das liegt in seinem Wesen – der Distanziertheit des höfischen Umgangstones nicht fähig. Er sucht immer wieder die *Unmittelbarkeit* der Aussage und der menschlichen Kommunikation, und da er das höfische Distanzhalten nicht in seinem Wesen und seiner Bedeutung erkennt und anerkennt, wird er in ein Fehlverhalten getrieben, das seine Position am Hofe fast ganz zerstört. »Tassos Wesen hat keine Vorhöfe« (Rueff S. 20); »er kennt nur die absolute Distanz und die völlige Distanzlosigkeit« (Mantey S. 111).

Metaphorik

Kennzeichen der klassischen Sprache ist die sparsame Verwendung von bildhaften Elementen, von Metaphern und Vergleichen. »Es ist zu vermuten, daß sie diesen Mangel durch ein erhöhtes Spiel von Beziehungen und Bedeutungsnuancen ausgeglichen hat« (Neumann S. 99). Die Metaphern und Vergleiche im »Tasso« »bestechen weder durch Extravaganz noch durch sinnliche Fülle« (Neumann S. 105). Die Distanziertheit des Sprachgestus zieht den Vergleich der Metapher vor. Goethe begnügt sich im »Tasso« mit einer (allerdings reich differenzierten) *Lichtmetaphorik,* die von den Polen »Sonne« und »Mond« ausgeht, und mit dem *Welle-Fels*-Gleichnis.

Im allgemeinen ist die Sonnenmetapher dem Glück, der gesellschaftlichen Gunst und dem gesellschaftliche Glanz zugeordnet (z. B. V. 26; 819; 1129; 1870; 2231; 3090; 3278; 3443). Im Mond spiegelt sich die Dämpfung der Lebensfreude, der Lebenskraft, die unglückliche Lebenssituation. Leonore vergleicht den Mangel an Vitalität, die Schwäche der Leidenschaft, die sie bei der Prinzessin zu finden glaubt, mit dem »stille(n) Schein des Monds« (V.1956). Tasso, der sich bisher von der »Sonne der schönsten Gunst« (V.2231) beschienen glaubte, sieht sich nun als »der stille Mond«, der am Tage als »ein unbedeutend blasses Wölkchen« dahinschwebt (V.2257ff.). Sonne und Mond erscheinen zugleich als Signa der Gesetzmäßigkeit des Weltlaufs (V.2409f.). Sie werden mit den verschiedenen Abschattungen des Lichts sichtbare Gerüste, an denen die Konfiguration aufgebaut wird.

In dem Verhältnis zwischen Leonore und der Prinzessin sieht sich diese zunächst von der Sonne des Glücks beschienen (V.26), jedoch ist dieses Glück ein Glück des Traums. Leonore hingegen, der Welt hingegeben, erfreut sich am Schatten, der die Wirklichkeit durchdringt (V.29f.). Später wiederum erscheint Leonore die leidenschaftslose Prinzessin auf der Mondseite des Lebens zu stehen (V.1953ff.; s.o.), sie selbst »im Glanze dieses Lebens« (V.1944). Tasso gegenüber läßt die Prinzessin ihr Leben in einem nur matten Glanze leuchten (V.853ff.); als sie aber Tasso zu verlieren in Gefahr ist, erscheint ihr die Gemeinsamkeit mit ihm von sonnenhafter Lichtfülle überstrahlt (V.1857ff.).

Zu diesen Beispielen, die sich durch weitere ergänzen ließen, sagt *Neumann* (S. 104): »Ein Metaphernpaar (Mond – Sonne) wurde zum Katalysator der Konfiguration; an ihm verdeutlichen sich die wechselnden Beziehungen der Figuren. In dem Verhältnis Tasso – Leonore offenbaren sich widerstreitende Kräfte, eine Welt ist der anderen lästig, ja störend; ein entschiedener Gegensatz tut sich auf. Umgekehrt in der Konfiguration Prinzessin – Tasso: An denselben Metaphern Mond – Sonne bestätigt sich die Zusammengehörigkeit der Figuren. Nicht mehr feindliche Welten, sondern ergänzende Spiegelung. Spiegelverkehrt einer als des anderen Sonne, spiegelverkehrt einer des anderen Licht zurückwerfend: Sonne und Mond als einander supplierende Welten.«

Zusammenfassend sagt *Neumann* zur *Metaphorik* im »Tasso«: »Im ›Torquato Tasso‹ kommt Goethe mit einer Handvoll an Metaphern und Vergleichen aus. Im Grunde genügen ihm die zwei Paare Sonne – Mond und Welle – Fels als ›sich ineinander abspiegelnde Gebilde‹ zur Enthüllung der Konfiguration. Die Größe des klassischen Stils ist Variation. In immer neuen, immer komplizierteren Konstellationen tauchen die Metaphern auf, und je größer die Beziehungsfülle wird, desto genauer zeichnen sich die Figuren und ihre Verhältnisse ab, die sich in dieser einen Metapher spiegeln. An ihr selbst verändert sich nichts, sie wird nicht erweitert und nicht verkürzt. Metaphern und Vergleiche sind Katalysatoren der Konfiguration« (S. 108f.). »Ambivalenz ist das Gesetz ihres Miteinander. Metaphern und Figuren treten in das Wechselspiel einer beweglichen Ordnung, einer komplizierten Tanzbewegung höherer Art, für die der Begriff der ›Konfiguration‹ bereitsteht« (S. 111).

Arkadien

Die Idee *Arkadiens* erscheint in dem Drama unter verschiedenen Aspekten und in wiederholten Spiegelungen. Arkadien wird in Beziehung gesetzt zur höfischen Gesellschaft, aber auch zur Existenz des Dichters.

Wolfdietrich Rasch schreibt zur Verwendung der Arkadienidee im »Tasso« (S. 75f.): »Goethe berührt . . . eine europäische dichterische Überlieferung, die auf Hesiod zurückgeht und über Theokrit, Vergil und Dante, Petrarca, Sannazaro und Torquato Tasso bis zu Goethe selber reicht. Arkadien, das Vergil als imaginäre Landschaft erschuf, ist von Anfang an den Dichtern zugeordnet. Schon in Theokrits bukolischer Dichtung, die er in Sizilien ansiedelt, sind die Hirten Sänger und Dichter. . . . Arkadien, der Stand des Goldenen Zeitalters, ist ein Weltzustand menschlichen Daseins, in dem es noch dem Ursprung nahe ist und doch nicht roh und gewaltsam, wie ein bloßer erster Anfang des natürlichen Lebens mit seinem Kampf um Selbstbehauptung sonst gedacht wird. . . . Arkadien bezeichnet einen Zustand, der frühzeitlich und elementar ist und doch nicht barbarisch, sondern zur Form gebändigt, harmonisch geordnet, ganz Natur und gleichzeitig ganz Maß und Gleichgewicht. In diesem Aspekt ist Arkadien dem Dichter zugeordnet, ein Gleichnis seines eigenen Wesens. Denn er ist allem Ursprung nah und allem Barbarischen, das mit den rohen Anfängen des Lebens sich verbindet, fern. Er hat das unverbrauchte Elementare in sich, aber nur, indem er es formt zum Gebilde, das seinen Bestand durch Maß und Grenze gewinnt. Natur in der Formung durch den Menschen, Natur, die human ist: das ist Arkadien, und das ist der Dichter. Natur als gesicherte Einheit des befriedeten, harmonischen Gesamtwesens, in das der Mensch ohne Bruch eingefügt ist, allen Geschöpfen brüderlich nahe und doch ganz Mensch: dieses arkadische Bild bewahrt der Dichter in sich. Das entspricht jener Fähigkeit in ihm, die bezeichnet ist mit dem Vers: ›Sein Ohr vernimmt den Einklang der Natur‹.«

Unterschiedlich ist das Verhältnis der Personen des Dramas zu Arkadien; in diesem Verhältnis spiegelt sich wiederum ihr Wesen. *Antonios* Beschreibung der Landschaft Ariosts (V.711ff.) entspricht seinem Verhältnis zur Kunst. Zwar redet er sich in Begeisterung, aber er distanziert sich sogleich von dieser (V.736) wie von der Kunst überhaupt. Arkadien bleibt für ihn ein »fremdes Land« (V.741), Ziel eines kurzen Ausflugs des Geistes, nicht mehr. *Neumann* (S. 124) legt dar, daß die Landschaft Antonios antithetisch gegliedert ist und daß er die Zeit als »real-fließend« denkt. Eine solche Darstellung müsse *allegorisch* heißen.

Auch der *Herzog* hat kein Verhältnis zum Arkadischen. Die beiden Frauen verspottet er wegen ihrer arkadischen Schäferverkleidung (V.238). »Er macht das Spiel aus Courtoisie mit, aber es ist ihm kein inneres Anliegen« (*Blumenthal* 1 S. 15).

Immerhin aber beschränkt sich die *höfische Gesellschaft* nicht auf die Realität des Politischen, sondern schafft sich in ihren mit Gärten umgebenen Lustschlössern eine arkadische Gegenwelt, in die sie zeitweise spielerisch ausweicht. »Der Dichter hat dem Renaissancehof von Ferrara, der, weltoffen und dem modernen wissenschaftlichen Denken zugetan, als ein Treffpunkt der Großen auf den

Gebieten der Kunst und Wissenschaft erscheint, in Belriguardo ein idyllisches Gegenbild gegeben« (Blumenthal 1 S. 14). In der Idylle des Parks wird Arkadien *gespielt.* Dies ist die Welt *Leonores,* die es versteht, Wirklichkeit und Schein mit Leichtigkeit in der Schwebe zu halten. »Im Grund weiß nur sie Arkadien wirklich zu spielen, da sie sich weder an die Fiktion noch an die Realität verliert, sondern zwischen beiden spielend die Mitte hält. Dem Herzog und Antonio merkt man an, daß sie im tätigen Leben zu Hause sind und in Arkadien als Fremde einkehren, und der Prinzessin und Tasso scheint das Traumland die eigentliche Heimat zu sein, die sie dem wirklichen Leben entfremdet« (Blumenthal 1 S. 16).

Die *Prinzessin* nimmt Arkadien ernst, aber sie ist sich dessen bewußt, daß es in dieser Welt nicht oder jedenfalls nur punktuell zu realisieren ist. Das Arkadienspiel Leonores in der Eingangsszene spielt sie eigentlich nicht mit. Für sie ist der Park von Belriguardo ein Ort der Erinnerung: der Erinnerung an ihre Jugend, der fiktiven, *träumenden* Erinnerung an die vergangene »goldene Zeit der Dichter« (V. 23). Am Ende der Szene deutet sie den Park, in dem Tasso hin und wieder »schöne Lieder« an die Bäume heftet, als »ein neu Hesperien« (V. 179), hierbei Wirklichkeit und Phantasie vermischend. Im Gedanken an Tasso nähert sie sich dessen Haltung Arkadien gegenüber an, für den »das gespielte Arkadien das Leben selbst« ist (Blumenthal 1 S. 16). In dem Gespräch mit Tasso in der Szene II, 1 wiederum weist sie Tassos Arkadienverständnis zurück, indem sie das Bild Arkadiens umdeutet. Sie verlegt Arkadien als Möglichkeit in die Innerlichkeit der Menschen und in die Kommunikation weniger, »verwandte(r) Herzen« (V. 1003). Dabei hebt sie diese Möglichkeit aus der Geschichtlichkeit heraus, indem sie sie weder in einem mythischen Goldenen Zeitalter noch in einer historischen Epoche für realisierbar erklärt: Das Goldene Zeitalter kann im kleinen Raum und in zeitlicher Beschränkung immer wieder wirklich werden. *Rasch* (S. 79) führt dazu aus: »Die Prinzessin sagt, daß wenigstens im kleinen, auserwählten Kreis der Guten auch in einer Spätzeit der Kultur etwas wie eine Goldene Zeit möglich sei. Hier sichere das Gesetz, das bewußte sittliche Einhalten dessen, was sich nach Übereinkunft ziemt, jene harmonische Ordnung, die in Arkadien durch den unfehlbaren Instinkt, die unreflektierte Reinheit des Begehrens hergestellt war.«

Tasso trennt Wirklichkeit und Idee nicht, und darin liegt die Wurzel seiner Tragödie. »Wirklichkeit und Traum haben sich ihm verkehrt. Die harte Realität des Lebens bleibt ihm unbewußt; in Ferrara ist ihm die Sorge um den Alltag abgenommen, und anscheinend konnte er ziemlich frei von höfischem Zwang sein Epos vollenden .... . Die Idylle von Belriguardo mit ihrer Abgeschlossenheit und freundschaftlichen Geselligkeit gewährt die Möglichkeit eines rein ästhetischen Daseins, aber für Tasso ist dieser Ausnahmezustand noch nicht Erfüllung. Er möchte ›unbedingt‹ leben, und selbst dieses Belriguardo-Arkadien erscheint ihm noch allzu bedingt« (Blumenthal 1 S. 16f.). Die fortdauernde »Disproportion des Talents mit dem Leben« will Tasso durch das Überspringen nicht nur der Wirklichkeit, sondern auch des arkadischen Lebens, das ein Dasein fern der Tat ist, heilen, indem er sich in den Mythos träumt: so ist schließlich nicht mehr Arkadien das Ziel seiner Sehnsucht, sondern *Elysium* (V.527ff.), in dem Dichter und Helden gleichwertig miteinander leben. »Das geschilderte Elysium ist gesteigertes Arkadien, wo nicht nur Dichter sich des reinen Daseins erfreuen, sondern Heroen sich ihnen zugesellen und beide in die Welt des ewig Vorbildlichen eingegangen sind« (Blumenthal 1 S. 17).

Das anschließende Auftreten Antonios (I,4) läßt Tasso den Einbruch der Realität in die Idylle und deren Übermacht schmerzhaft erleben. »Aus einem schönen Traum ... aufgeweckt« (V.762), kann er nun in dem folgenden Gespräch mit der Prinzessin (II,1) das Vergangensein und die Unwiederholbarkeit der arkadischen Goldenen Zeit nur noch beklagen (V.979). Auch die weiteren Erfahrungen, die Tasso machen muß, zeigen, daß Arkadien als Möglichkeit eigener Lebensexistenz und Dichterexistenz sowie der Gestaltung seines Verhältnisses zur Gesellschaft ihm entgleitet. *Liselotte Blumenthal* sagt dazu (1 S. 19): »Bei dem Zusammenstoß der Unbedingtheit des Dichters mit der Bedingtheit des Lebens, wie sie sich in dem Realpolitiker verkörpert, unterliegt der Dichter. Was über ihn wegen seines Überschreitens der Grenzen verhängt wird, scheint nur eine geringfügige Strafe zu sein, der keine praktische Bedeutung zukommt und die auch bald wieder aufgehoben wird. Aber für Tasso ist sie die Katastrophe, und alles, was im weiteren Verlauf des Dramas geschieht, ist nur noch ein Aufdecken dieses Unheils. Auch wenn man das Ende des Schauspiels nicht als Tragödie auffaßt, sondern eine Rettung Tassos mit Antonios Hilfe für möglich hält, so ist eins doch endgültig: der Verlust Arkadiens.«

»Tasso« heute

»Tasso heute« – das soll nicht etwa den Versuch einer Aktualisierung des Dramas bedeuten, mit dem Ziele, die Lektüre des »Tasso« im Deutschunterricht des Gymnasiums zu rechtfertigen. Einer solchen Rechtfertigung bedarf es nicht, denn »Tasso« ist ohne Zweifel eines der größten dichterischen Kunstwerke Goethes, vielleicht eines der bedeutendsten dramatischen Kunstwerke der Weltliteratur überhaupt. Freilich ist der »Tasso« ein sprödes Gebilde, dessen »zauberhaftes Gewebe« (v. Wiese 2 S. 94) transparent werden zu lassen es geduldiger Einfühlung und gedanklicher Anstrengung bedarf. Dieses Drama, in dem eigentlich nichts geschieht, hat sich denn auch niemals die Popularität erfreut wie etwa die fast gleichzeitig entstandene »Iphigenie«; und dennoch dürfte es nicht zu kühn sein, zu behaupten, daß es die »Iphigenie« durch die Fülle der Symbole, durch die Subtilität der dramatischen Struktur, durch die so einfache und doch so reich differenzierte Komposition, durch die harmonische Abstimmung der Charaktere und ihrer Beziehungen, durch die schwerelose und doch bis ins einzelne durchgefeilte Sprache als Kunstwerk noch überragt. Und so sollte es den

Deutschlehrer nicht verdrießen, seine Schüler trotz aller unleugbaren Schwierigkeiten mit diesem Werke bekannt zu machen.

Wenn die Frage nach der Aktualität des Dramas deshalb sinnlos ist, weil seine Größe es über jede Zeitbezogenheit erhebt, so ist dennoch die Frage nicht müßig, was der Gehalt des Werkes uns heute unmittelbar noch zu sagen hat.

Um diese Frage zu beantworten, ist es zunächst wichtig, sich klarzumachen, daß das Problem des Stückes nicht die Situation des Künstlers im Zeitalter der Renaissance, auch nicht oder nur zum geringen Teil die Lage des Künstlers im 18. Jahrhundert, sondern die Existenz des Künstlers überhaupt ist. In Frage steht das Verhältnis von Kunst und Welt, ja von Geist und Leben schlechthin.

Freilich ist es kein Zufall, daß gerade in der Goethezeit dieses Problem ans Licht getreten ist, daß gerade in dieser geschichtlichen Epoche zum ersten Male ein solches Künstlerdrama entstanden ist. Die sozialen Veränderungen der Zeit sind es, die den Künstler der zweiten Hälfte des 18. Jahrhunderts aus seinen Bindungen an den Hof und an die Kirche heraustreten lassen. Diese Emanzipation hat dem Künstler aber auch den gesellschaftlichen Boden entzogen, und sie hat sein Verhältnis zu Welt und Gesellschaft zu etwas zutiefst Fragwürdigem gemacht. Diese Lösung aus alten Gebundenheiten, diese Individualisierung hat – gerade in statu nascendi – jene Kumulation künstlerischer Hochleistungen zustandegebracht, wie sie das Zeitalter der deutschen Klassik kennzeichnen. Sie hat aber auch der Abnormität und der Krankhaftigkeit, der Reizbarkeit und der Hysterie das Tor geöffnet, die fortan nicht nur als Wesensbestandteile von Künstlercharakteren immer wieder in Erscheinung getreten, sondern auch als Signa wahren Künstlertums oft genug verherrlicht worden sind. Die Künstlerexistenz wurde fragil. Neben echte Kunst trat auch der originale Unsinn, ja die Scharlatanerie.

Dem »Tasso« ist eine Fülle von Dramen, Romanen, Novellen gefolgt, die die Problematik des Künstlertums und der Kunst zum Thema haben. Es sei zunächst daran erinnert, daß Goethe auch an anderer Stelle das Thema gestaltet hat: vor dem »Tasso« in den frühen Künstlergedichten, dann in »Wilhelm Meisters theatralischer Sendung«, zuletzt in der Euphorion-Gestalt des zweiten Faust. Wieland beschäftigte sich 1782 in seinem »Sendschreiben an einen jungen Dichter« mit der Situation des Poeten in der Welt. Welche Bedeutung die Existenz des Künstlers für das Denken und Dichten der Romantik hatte, bedarf hier keiner detaillierten Erörterung. Es sei ferner erinnert an Mörike und Grillparzer, an Browning und Swinburne, an Baudelaire, Mallarmé und Valéry. Das 20. Jahrhundert brachte wiederum eine intensive Auseinandersetzung des Dichters mit seiner eigenen Situation. Die Existenz des Künstlers und sein Verhältnis zur Welt und zur Gesellschaft kann geradezu als das Generalthema im Werk Thomas Manns bezeichnet werden. Hofmannsthal und George, Rilke und Kafka, Benn und Broch: für sie alle ist das Dasein des Künstlers, das Verhältnis von Kunst und Welt Gegenstand dichterischer Aussage geworden.

Die Problematik ist also bis in die Gegenwart hinein von einer faszinierenden Lebendigkeit geblieben. Das zeigt, daß zwischen Künstler und Welt ein zutiefst fragwürdiges Verhältnis sich erhalten hat. Der Geschichte der Selbstinterpretation des Künstlertums durch den Künstler nachzugehen, dürfte eine höchst lohnende Aufgabe sein, die meines Wissens bis heute nicht in Angriff genommen worden ist. Für den Deutschlehrer ergeben sich Möglichkeiten mannigfaltiger Vergleiche. So wird zum Beispiel eine Gegenüberstellung von Goethes »Tasso« mit Manns »Tonio Kröger« und Kafkas »Hungerkünstler« ein fruchtbares Unternehmen sein. Aber nicht nur ein Vergleich von Werken kommt in Frage, sondern auch ein Bedenken der oft so tragischen Lebensschicksale großer Dichter. Es mag daran dem Schüler deutlich werden, daß das Verhältnis von Künstler und Welt nicht nur ein immer und heute noch fragwürdiges ist, sondern daß der Künstler auch gerade da, wo er dadurch wieder seinen Ort in der Welt erhält, daß er zwanghaft in Welt und Gesellschaft eingeordnet, ja eingeplant wird, letzten Endes zur Sterilität verdammt ist.

Literaturverzeichnis

Auf folgende Arbeiten wird im Text hingewiesen oder es wird aus ihnen zitiert:

Albrecht, Günter; Bastian, Hans-Jürgen; Mittenzwei, Johannes: Erläuterungen zur deutschen Literatur: Klassik. 5. Auflage Berlin 1967.

Bielschowski, Albert: Goethe. Erster Band. 33. Auflage München 1918.

Blumenthal, Liselotte (1): Arkadien in Goethes »Tasso«. In: Goethe. NF des Jahrbuchs der Goethe-Gesellschaft. Band 21 (1959), S. 1–24.

Blumenthal, Liselotte (2): Goethes Bühnenbearbeitung des »Tasso«. In: Goethe. NF des Jahrbuchs der Goethe-Gesellschaft. Band 13 (1951), S. 59–85.

Boulby, Mark: Judgment by Epithet in Goethe's »Torquato Tasso«. In: Publications of the Modern Language Association of America. Vol. 87, 1972, 2, S. 167–181.

Butzlaff, Wolfgang: Die Schlüsselwort-Methode – Grundlage und Beispiele. In: Der Deutschunterricht. 16. Jahrgang, 1964, Heft 1, S. 93–120.

Forster, Leonard: Thoughts on Tasso's Last Monologue. In: Essays in German Language, Culture and Society, edited by *Siegbert S. Prawer, R. Hinton Thomas* and *Leonard Forster.* London 1969, S. 18–23.

Girnus, Wilhelm: »Des Menschen Kraft, im Dichter offenbart.« Dichter und Gesellschaft im Spiegel Goethes. In: Goethe. NF des Jahrbuchs der Goethe-Gesellschaft. Band 24 (1962), S. 1–32.

Gundolf, Friedrich: Goethe. 12. Auflage Berlin 1925.

Hof, Walter: Wo sich der Weg im Kreise schließt. Goethe und Charlotte von Stein. Stuttgart 1957.

Hofmannsthal, Hugo v.: Unterhaltung über den »Tasso« von Goethe. In: *Hugo von Hofmannsthal:* Gesammelte Werke in Einzelausgaben. Band 12 (Prosa II). Frankfurt/Main 1951, S. 212–228.

Korff, Hermann August: Geist der Goethezeit. II. Teil. 2. Auflage Leipzig 1955.

Kunz, Josef: Anmerkungen des Herausgebers zu Goethes Werken. Hamburger Ausgabe, Band 5. Hamburg 1952.

Lukács, Georg: Faust und Faustus. Reinbek 1967.

Mantey, Johannes: Der Sprachstil in Goethes »Torquato Tasso«. Berlin 1959.

Nahler, Horst: Dichtertum und Moralität in Goethes »Torquato Tasso«. In: Studien zur Goethezeit. Festschrift für Liselotte Blumenthal, hrsg. von *Helmut Holtzhauer* und *Bernhard Zeller* unter Mitwirkung von *Hans Henning.* Weimar 1968, S. 285–301.

Neumann, Gerhard: Konfiguration. Studien zu Goethes »Torquato Tasso«. München 1965.

Rasch, Wolfdietrich: Goethes »Torquato Tasso«. Die Tragödie des Dichters. Stuttgart 1954.

Rueff, Hans: Zur Entstehungsgeschichte von Goethes »Torquato Tasso«. Marburg 1910.

Ryan, Lawrence: Die Tragödie des Dichters in Goethes »Torquato Tasso«. In: Jahrbuch der Deutschen Schillergesellschaft, 9. Jahrgang, 1965, S. 283–322.

Silz, Walter: Ambivalences in Goethe's »Tasso«. In: The Germanic Review, Vol. 31, 1956, 4, S. 243–268.

Staiger, Emil: Goethe. 1749–1786. Zürich und Freiburg/Br. 1952.

Waldeck, Marie-Luise: The Princess in »Torquato Tasso«: Further Reflections on an Enigma. In: Oxford German Studies, Vol. 5, 1970, S. 14–27.

Wertheim, Ursula: Von Tasso zu Hafis. Berlin 1965.

v. Wiese, Benno: Die deutsche Tragödie von Lessing bis Hebbel. Hamburg 1948 (zitiert: 1). 2. Auflage Hamburg 1952 (zitiert: 2).

Wilkinson, Elizabeth M. (1): Johann Wolfgang Goethe. Torquato Tasso. In: Das deutsche Drama vom Barock bis zur Gegenwart, hrsg. von *Benno v. Wiese.* Band I. Düsseldorf 1958, S. 193–214.

Wilkinson, Elizabeth M. (2): »Tasso – ein gesteigerter Werther« im Lichte von Goethes Prinzip der Steigerung. In: Goethe. NF des Jahrbuchs der Goethe-Gesellschaft. Band 13 (1951), S. 28–58.

Grundlagen und Gedanken zum Verständnis des Dramas

Für den Schulgebrauch zusammengestellt. Herausgeberisch betreut von Hans-Gert Roloff.

Ältere Dramenliteratur

Neuere Dramenliteratur

DIESTERWEG